Deutscher Caritasverband (Hg.)

Bundesfreiwilligendienstgesetz
BFDG

Einleitung, Gesetzestext mit Begründung,
Praxishinweise, Mustervertrag mit Anmerkungen

LAMBERTUS

Deutscher Caritasverband (Hg.)

Bundesfreiwilligendienstgesetz
BFDG

Einleitung, Gesetzestext mit Begründung,
Praxishinweise, Mustervertrag mit Anmerkungen

LAMBERTUS

Deutsche Bibliothek – CIP-Einheitsaufnahme

Ein Titeldatenblatt für diese Publikation ist bei der Deutschen Bibliothek erhältlich.

© 2011 Lambertus-Verlag, Freiburg im Breisgau
www.lambertus.de
Redaktion und Satz: Michael Bergmann und Stefanie Hock, Freiburg
Umschlagsgestaltung: Nathalie Kupfermann, Bollschweil
Herstellung: Franz X. Stückle, Druck und Verlag, Ettenheim
ISBN 978-3-7841-2077-5

INHALT

Vorwort

„Wenn Du es eilig hast, so gehe langsam!" lehrt uns eine asiatische Weisheit. Dieser Satz ist sowohl Aufforderung zur Entschleunigung als auch Mahnung zur Sorgfalt. Im Zusammenhang mit der eingeläuteten Reform der Bundeswehr, die im Kern die Aussetzung der Wehrpflicht zum 30. Juni 2011 und das faktische Endes des Zivildienstes zum gleichen Zeitpunkt zum Inhalt hat, ist die Weisheit Asiens nicht hinreichend bedacht worden. Die Schnelligkeit, in der grundlegende gesellschaftsrelevante Entscheidungen getroffen wurden, war atemberaubend. Und für den erforderlichen Systemwechsel von staatlichen Pflichtdiensten, die Wehrpflicht und Zivildienst nun einmal waren, zu Freiwilligendiensten wurde viel zu wenig Zeit für eine umfassende und gründliche Vorbereitung eingeräumt. Wofür sich andere Länder ein paar Jahre Zeit genommen hatten, musste bei uns in einem knappen Jahr geschehen. Die aktuellen Zahlen vermitteln quantitativ ein etwas anderes Bild: mehr als 20.000 BFD-Vereinbarungen wurden bislang abgeschlossen, davon alleine im katholischen Bereich mehr als 3.400. Das sind Zahlen, die alle Beteiligten noch vor einem halben Jahr als völlig zu hoch bezeichnet haben. In der alltäglichen Umsetzung des BFD allerdings sind noch etliche Mängel zu beseitigen, die einer reibungslosen und möglichst verwaltungsarmen Organisation und Durchführung des BFD im Wege stehen. So sind die positiven Zahlen vor allem ein Beleg für die hohe Engagementbereitschaft in unserer Gesellschaft und die enormen Anstrengungen aller Beteiligten, dieses Engagement zu fördern.

Zur Erinnerung: Es war Ende August 2010, als Bundesfamilienministerin Kristina Schröder erste Überlegungen für den Fall vorlegte, dass der Zivildienst im Gefolge der Wehrpflichtaussetzung enden würde. „Freiwilliger Zivildienst" wurde das Nachfolgeformat auf freiwilliger Basis benannt, kurze Zeit später als Ergebnis von Verhandlungen mit den Bundesländern „Bundesfreiwilligendienst". Die Zeit war knapp, die Monate danach äußerst arbeitsintensiv. Die Zeit war zwar ausreichend, um das entsprechende Gesetz einzubringen, zu beraten und zu verabschieden. Die Zeit war jedoch nicht ausreichend, um im Vorfeld des Starts des Bundesfreiwilligendienstes alle relevanten Fragen hinreichend zu beantworten und alle Rahmenbedingungen zu klären. Und auch heute gibt es noch die eine oder andere Frage, die noch gar nicht gestellt wurde.

„Holprig" sei der Start des Bundesfreiwilligendienstes, so war es in der Süddeutschen Zeitung zu lesen. Andere Medien belegen die Startschwierigkeiten des neuen Dienstes mit ganz anderen Vokabeln. Die Fachleute indes verwundert es nicht, dass der Bundesfreiwilligendienst seine Zeit benötigt, um ein im Verhältnis zu den etablierten Jugendfreiwilligendiensten gleichermaßen bekannter wie akzeptierter Dienst zu sein. Von einem Vergleich mit dem Pflichtdienst Zivildienst ganz zu schweigen. Das neue Dienstformat braucht seine Zeit, sich „am Markt" zu behaupten, auch wenn die aktuellen Zahlen eine andere Interpretation nahelegen; denn es sind nichts anderes als Marktmechanismen, die hier wirken. So gibt es einen engen Zusammenhang zwischen Angebot und Nachfrage. Nicht alle, die jetzt einen BFD leisten, wollten dies auch ursprünglich bewusst tun. Etliche wollten ein FSJ leisten, auch weil der neue Dienst noch den Charakter des Unbekannten hat. Den Bemühungen der Träger und Einsatzstellen ist es zu verdanken, dass das Verhältnis zwischen dem FSJ einerseits und dem BFD andererseits mit Blick auf die Fördermöglichkeiten des Bundes ausgewogen ist. Unbeantwortete Fragen und ungeklärte Rahmenbedingungen haben ihren Teil zur Verunsicherung beigetragen, allein ursächlich für einen erst langsam in Fahrt kommenden Bundesfreiwilligendienst sind sie aber nicht.

Die Etablierung des Bundesfreiwilligendienstes ist eine große gesamtgesellschaftliche Aufgabe, die auch die zivilgesellschaftlichen Organisationen und Verbände mit ihren Diensten und Einrichtungen vor große Herausforderung stellt. Mit jeder Antwort, die man zu einer Frage zum Bundesfreiwilligendienst gefunden hat, so scheint es mitunter, stellen sich zwei neue Fragen. Mit der Verabschiedung des gesetzlichen Rahmens ist vieles geklärt, aber längst nicht alles. Bei Redaktionsschluss sind zwar viele, allerdings noch nicht alle offenen Fragen beantwortet.

Mit dem vorliegenden Buch wollen wir den Beteiligten an der Durchführung und Umsetzung des Bundesfreiwilligendienstes Orientierung und Hilfestellung geben. Das Buch hat nicht den Anspruch, alle erdenklichen Fragen hinreichend beantworten zu wollen. Es gibt jedoch einen umfassenden Überblick über das Bundesfreiwilligendienstgesetz und die entsprechenden vertraglichen Grundlagen. Unter „Wissenswertes von A bis Z" findet man eine Übersicht von wichtigen Erklärungen, die Bund und Verbände zusammengetragen haben.

Die Geschwindigkeit, in der sich Dinge entwickeln, können wir oftmals nicht beeinflussen. Aber wir können dazu beitragen, dass sie ein Erfolg werden. Wir hoffen und wünschen, dass dieses Buch dazu beitragen kann.

Freiburg i. Br., Oktober 2011　　　　　　　　　Michael Bergmann

I. Einleitung

1. Vom Zivildienst zum Bundesfreiwilligendienst

Michael Bergmann

Vom Wesen des Zivildienstes

Am 10. April 1961 traten die ersten Dienstpflichtigen ihren zivilen Ersatzdienst in den sozialen Einrichtungen der freien Wohlfahrtspflege an. Als der Zivildienst auf sein 50jähriges Bestehen zurückblicken konnte, war die Aussetzung der Wehrpflicht und das damit zusammenhängende faktische Endes des Zivildienstes zum 30. Juni 2011 beschlossene Sache.

Das Ende kam letztendlich überraschend und schnell, sehr schnell und für manche möglicherweise zu schnell. Dabei hatte sich die Durchführung des Zivildienstes vor allem in den vergangenen zehn Jahren als zunehmend unplanbar und schwer vorhersehbar dargestellt: Durch erforderliche Kürzungen und Einsparungen im Bundeshaushalt wurde die Anzahl der Zivildienstleistenden in den Jahren 2001 bis 2003 halbiert. Diese Eingriffe erfolgten auch während laufender Haushaltsjahre, was insbesondere Dienste und Einrichtungen vor erhebliche Herausforderungen stellte. Darüber hinaus wurde auch die Dienstzeit kontinuierlich verkürzt. Die mit der Durchführung des Zivildienstes Beteiligten waren im ersten Halbjahr 2010 noch mit der Verarbeitung der Folgen der jüngsten Dienstverkürzung von neun auf sechs Monate beschäftigt, als die Eckpunkte der geplanten Bundeswehrreform erkennbar wurden.

Trotz aller Höhen und Tiefen hatte sich der Zivildienst seit seinem Beginn kontinuierlich fortentwickelt. Zivildienstleistende sind während dieser Zeit in vielen Diensten und Einrichtungen zu einer festen Größe geworden, auf die man auch perspektivisch bauen konnte. Die zunehmenden Unwägbarkeiten hatten allerdings auch deutlich gemacht, dass es keinen Rechtsanspruch auf Zivildienstleistende gibt. Die vom Einsatz der Zivildienstleistenden profitierende soziale Infrastruktur war aufgefordert, ihre jeweiligen sozialen Dienst- und Versorgungsleistungen so zu organisieren, dass sie auch ohne den Einsatz von Zivildienstleistenden funktionieren würden. Viele Verantwortliche haben schon vor Jahren damit begonnen, sich vom Zivildienst unabhängiger zu machen und erfolgreich Alternativen erprobt.

Für die katholische Kirche und ihre Caritas erfolgte die Beteiligung an der Durchführung des Zivildienstes seit Beginn unter einer besonderen Akzentuierung: Diejenigen, die aus Gewissensgründen den Dienst an der Waffe verweigerten und als Kriegsdienstverweigerer anerkannt wurden, stellte man in den eigenen Diensten und Einrichtungen sinnvolle Orte sozialen Lernens zur Verfügung. Dadurch konnte dem Wehrersatzdienst auch etwas von seiner Schärfe als belastender Dienst genommen werden. Die Verantwortlichen bemühten sich darum, dass die Ersatzdienstzeit als sinnerfüllend erlebt werden konnte. Der Zivildienst wurde zu einem Lerndienst ausgestaltet. Dadurch erfolgte auch eine inhaltliche Annäherung an das Freiwillige Soziale Jahr und das Freiwillige Ökologische Jahr, die sich als Jugendfreiwilligendienste insbesondere durch ihren Bildungscharakter profiliert haben.

Vom Ersatz des Ersatzdienstes

Im Zuge der Reformüberlegungen der Bundeswehr hatte das Bundeskabinett mit Beschluss vom 7. Juni 2010 das Bundesministerium für Familie, Senioren, Frauen und Jugend (BMFSFJ) beauftragt, darzustellen, welche Auswirkungen mögliche Veränderungen der Wehrpflicht für den Zivildienst und die Funktionsfähigkeit der vom Einsatz der Zivildienstleistenden unmittelbar profitierenden sozialen Infrastruktur hätten. Das BMFSFJ hatte die relevanten Akteure im Zivildienst, darunter auch die Spitzenverbände der Freien Wohlfahrtspflege, gebeten, ihrerseits Einschätzungen zu dem o. g. Prüfauftrag zu geben.

Der Deutsche Caritasverband ist der Bitte des BMFSFJ gefolgt und hat zu potentiellen Folgen der faktischen Beendigung des Zivildienstes als Folge einer Aussetzung der Wehrpflicht Stellung genommen.[1] Darin verweist der Deutsche Caritasverband zu Beginn insbesondere auf die Ergebnisse und Empfehlungen der Kommission „Impulse für die Zivilgesellschaft – Perspektiven für Freiwilligendienste und Zivildienst in Deutschland".[2] Dieser Kommissionsbericht ist nach Auffassung des Deutschen Caritasverbandes ein geeigneter Referenzpunkt, wenn es darum geht, die Aufgaben und Herausforderungen bei einer faktischen Beendigung des Zivildienstes zu beschreiben. Dabei hat der Deutsche Caritasverband folgende

---

[1] Stellungnahme des Deutschen Caritasverbandes zum Prüfauftrag des Bundesministeriums für Familie, Senioren, Frauen und Jugend (BMFSFJ) zu den Auswirkungen möglicher Veränderungen der Wehrpflicht für den Zivildienst vom 27.7.2010; http://caritas.erzbistumkoeln.de/export/sites/caritas/caritas/download/2010_Stellungnahme_BMFSFJ_Endfassung.pdf.

[2] Abschlussbericht der Kommission „Impulse für die Zivilgesellschaft –Perspektiven für Freiwilligendienste und Zivildienst in Deutschland" vom Januar 2004. Die Kommission wurde 2003 von der damaligen Bundesministerin Renate Schmid berufen; sie hatte den Auftrag, die Konsequenzen eines möglichen Wegfalls des Zivildienstes aufzuzeigen.

Empfehlungen des Abschlussberichts der Kommission besonders hervorgehoben:

- Die Einführung einer allgemeinen Dienstpflicht anstelle der Wehrpflicht durch Verfassungsänderung wird aus grundsätzlichen und völkerrechtlichen Erwägungen abgelehnt. Vorrangig muss es darum gehen, Eigeninitiative, Mitgestaltung und Beteiligung aller Altersgruppen in der Zivilgesellschaft zu fördern.[3]

- Der nach Vorlage des Kommissionsberichts nur zögerlich in Gang gekommene Strukturwandel zu einer „Kultur selbstverständlicher Freiwilligkeit" ist gezielt zu initiieren und zu begleiten. Dabei ist auch mit Blick auf die weitere demografische Entwicklung der Grundsatz der Arbeitsmarktneutralität zu beachten.[4]

- Die Schule sollte stärker als Lern- und Einübungsort bürgerschaftlichen Engagements, aber auch als möglicher Ort für ein Miteinander der Generationen zum wechselseitigen Nutzen begriffen werden.[5]

- Freiwilligendienste sind als generationsoffene Formen bürgerschaftlichen Engagements auszubauen.[6] Bei allen Formen von Freiwilligendiensten müssen jeweils spezifische Bildungsangebote sichergestellt sein. Die Qualifizierung sollte auch eine Reflexion auf die Zivilgesellschaft und das „Nachhaltige" des Dienstes beinhalten.[7] Außerdem wird empfohlen zu prüfen, ob entsprechende Dienste mit berufsqualifizierenden Elementen in den jeweiligen Tätigkeitsbereichen angereichert werden können, die das Ausstellen eines Zertifikats/qualifizierten Dienstzeugnisses erlauben.[8]

„Aus Sicht des Deutschen Caritasverbandes sind bei einem Wegfall des Zivildienstes Perspektiven zu entwickeln, wie die wesentlichen bisher vom Zivildienst unterstützten Funktionen in anderer Form weitergeführt werden können:

- *Bereitstellung sozialer Lernorte für junge Menschen,*

- *Mitwirkung am Versorgungsauftrag der Einrichtung,*

- *Ressource für die Gewinnung von beruflichem Nachwuchs.*

---

[3] Vgl. Punkt 1 des Kommissionsberichts.
[4] Vgl. Punkte 3 und 5 des Kommissionsberichts.
[5] Vgl. Punkt 10 des Kommissionsberichts.
[6] Vgl. Punkt 12 des Kommissionsberichts.
[7] Vgl. Punkt 9 des Kommissionsberichts.
[8] Vgl. Punkt 8 des Kommissionsberichts.

Aufgrund der kontinuierlich sinkenden Zahl der Zivildienstleistenden und der Verkürzung der Zivildienstdauer, haben viele Träger von Diensten und Einrichtungen in der Kirche und ihrer Caritas bereits Erfahrungen damit, den Einsatz von Zivildienstleistenden zu ersetzen. Durch den Einsatz von Ehrenamtlichen, FSJlern und anderen Teilnehmenden von Freiwilligendiensten, konnte die zurückgehende Zahl von Zivildienstleistenden teilweise kompensiert werden. Zudem sind bestimmte Tätigkeiten auch von Kräften mit einer geringfügigen Beschäftigung übernommen worden. Bereits 2004/2005 hat der Deutsche Caritasverband Feststellungen getroffen, wie im Falle eines Wegfalls des Zivildienstes verfahren werden sollte:

- *Den angesprochenen Vorgaben entsprechen insbesondere die Freiwilligendienste. Dazu sind sowohl gesetzlich geregelte Freiwilligendienste (wie das FSJ) als auch gesetzlich ungeregelte Freiwilligendienste zu rechnen.*

- *Bei allen Konversionsmaßnahmen ist darauf zu achten, dass seitens der Träger der katholischen Dienste und Einrichtungen das Prinzip der Arbeitsmarktneutralität des Zivildienstes im Nachhinein nicht infrage gestellt wird.*

- *Wenn Zivildienststellen, die als Orte sozialen Lernens zu begreifen sind, durch freiwilliges Engagement ersetzt werden, soll die persönliche Orientierung und Auseinandersetzung mit sozialen Aufgaben in den Mittelpunkt der Aufgabe gestellt werden. Auf diese Weise bleiben in den Einrichtungen wichtige soziale Lernfelder erhalten und die Auseinandersetzung mit sozialen Berufen sowie der karitativen Dimension des christlichen Glaubens bleibt möglich.*

- *Erschwert wird ein Einsatz von Freiwilligen dadurch, dass der arbeits- und sozialrechtliche Status von Freiwilligen nicht allgemeingültig definiert ist. Daher sind eindeutige Regelungen zur besseren Absicherung der Freiwilligen erforderlich. Hier wurden im Kontext des Nationalen Forums für Engagement und Partizipation im Dialogforum Freiwilligendienste konkrete Regelungsbedarfe formuliert, die in ein Freiwilligendienstestatusgesetz aufgenommen werden sollte. Konkret geht es u.a. um einen ausreichenden Schutz bei Krankheit, Unfall und Berufsunfähigkeit, sowie um die Regelung der Umsatzsteuerproblematik.*

- *Die katholische Kirche und ihre Caritas haben großes Interesse an der Umsetzung einer Kultur des selbstverständlichen sozialen Engagements. Sie fördern auch die Engagementbereitschaft von Jugendlichen und jungen Menschen in Kooperation mit den Schulen und der kirchlichen Jugendarbeit.*

Für den Deutschen Caritasverband sind die damals formulierten Konsequenzen und Empfehlungen auch in der aktuellen Diskussion eine relevante Orientierung. Er unterstreicht damit seinen Willen und seine Bereitschaft, auch bei einem möglichen Wegfall des Zivildienstes die Chance zu nutzen, bei der Gestaltung von Alternativen an dessen positive Effekte anzuknüpfen.

Die Verantwortung für die Bildung junger Menschen, die Zuständigkeit für die kirchliche Profilierung und Qualitätssicherung des Angebots sowie die Sorge um die Gewinnung von Nachwuchskräften für kirchliche und soziale Einsatzfelder erfordern eine verstärkte Unterstützung des freiwilligen Engagements und dabei in besonderem Maße eines Ausbaus der Jugendfreiwilligendienste.

Die Auswirkungen auf die vom Einsatz der Zivildienstleistenden unmittelbar profitierende soziale Infrastruktur sind je nach Tätigkeitsfeldern zu differenzieren. So wird es Aufgaben geben, vorzugsweise bei handwerklichen, gärtnerischen und landwirtschaftlichen Tätigkeiten sowie kaufmännischen und Versorgungstätigkeiten, bei denen der Wegfall des Einsatzes von Zivildienstleistenden in einer gut gestalteten Übergangsphase zu bewältigen ist. Insbesondere die Tätigkeiten im unmittelbaren Dienst am Menschen, sowohl stationär als auch ambulant, erfordern eine Übergangsphase, die es den Trägern ermöglicht, adäquaten personellen Ersatz und die Vorbereitung und Qualifizierung der neu zu gewinnenden Kräfte zu organisieren.

Der Deutsche Caritasverband erwartet deshalb von der Bundesregierung, dass im Falle einer Entscheidung, die Wehrpflicht auszusetzen, ausreichende Übergangszeiten festgelegt werden. So müssen rechtzeitig Vorkehrungen dafür getroffen werden, dass Entscheidungen zur Wehrreform nicht das sofortige Ende des Zivildienstes zur Folge haben. Dort, wo Zivildienstleistende in besonderem Maße in die Wahrnehmung von Versorgungsaufträgen einbezogen sind, muss ausreichend Zeit für Ersatzlösungen eingeräumt werden.

Die Gestaltung der finanziellen Rahmenbedingungen in der Übergangszeit sollte zudem berücksichtigen, dass die Verbände und ihre Gliederungen in Erwartung der Weiterführung des Zivildienstes zur Durchführung dieses Dienstes vertragliche Verpflichtungen eingegangen sind, die nicht kurzfristig zu lösen sind. In den Gliederungen sowie Diensten und Einrichtungen der Caritas sind Mitarbeitende in nennenswerter Anzahl an der Durchführung des Zivildienstes beteiligt. Sowohl für die Mitarbeitenden in den Zivildienst-Verwaltungsstellen, die Zivildienstbeauftragten in den

Diensten und Einrichtungen als auch für die Kräfte in Lehrgängen und Seminaren sind angemessene Übergangszeiten zu gewähren.

Eine Aussetzung der Wehrpflicht und das damit verbundene faktische Ende des Zivildienstes würden die Dienste und Einrichtungen vor erhebliche Anforderungen stellen. Von der Gestaltung der Übergangsphase wird abhängen, ob die Dienste und Einrichtungen das in dieser Situation mögliche Maß an Planungssicherheit haben werden. Fehlende Planungssicherheit ergibt sich zudem aus dem derzeitigen Entscheidungsprozess selbst, da Zivildienstplätze derzeit aufgrund mangelnder Bewerber nicht belegt werden können. Daher ist ein zeitlich überschaubarer Entscheidungsprozess erforderlich.

Die Träger und Verbände haben in den vergangenen Jahren kontinuierlich den Ausbau der Jugendfreiwilligendienste gefordert. Bei einem Wegfall des Zivildienstes müssen alle Anstrengungen unternommen werden, den Ausbau der Jugendfreiwilligendienste zeitlich gestuft und konzeptionell abgesichert vorzunehmen.

Freiwilligendienste sind im zivilgesellschaftlichen Engagement und in den dieses Engagement tragenden Organisationen zu verankern. Ein wie auch immer ausgestalteter Freiwilligendienst in staatlicher Organisationsverantwortung widerspräche dem Subsidiaritätsprinzip und würde die zwingend einzuhaltenden Grenzen zwischen hoheitlicher Zuständigkeit und zivilgesellschaftlicher Verantwortung nicht akzeptieren. Daher lehnen wir einen Freiwilligendienst in staatlicher Trägerschaft ab. Das in seiner Leistungsfähigkeit bewährte System der Jugendfreiwilligendienste ist geeignet, um den Wechsel vom Pflicht- zu Freiwilligendiensten zu bewältigen. Wir verbinden dies mit der ausdrücklichen Bereitschaft, unseren Beitrag zum Ausbau der Freiwilligendienste zu leisten. Eine Anhebung der Förderpauschale und der Einbezug aller FSJ-Plätze in die staatliche Kofinanzierung würden den deutlichen Ausbau der Platzzahlen im FSJ fördern.

Besondere Bemühungen werden darauf hin zu richten sein, auch junge Männer für Freiwilligendienste zu gewinnen und damit die bisher vom Zivildienst erfüllte Funktion zu ersetzen, jungen Männern einen Zugang zur Erfahrungswelt sozialer Dienste zu schaffen.

Freiwilliges Engagement allein wird nicht in der Lage sein, den Zivildienst vollständig zu kompensieren. Es gibt Tätigkeiten im Zivildienst, bei denen die Klassifizierung als arbeitsmarktneutral hinterfragt werden kann. Dies ist in einigen Hilfefeldern durch den Kostendruck befördert worden. Hier wird auch die Schaffung regulärer Arbeitsplätze Teil einer Konversion des Zivildienstes sein müssen. In diesen Fällen würden aller-

13

dings im Vergleich zum System Zivildienst deutlich höhere Kosten anfallen, die in den Finanzierungsbedingungen der Dienste und Einrichtungen aufzugreifen sind."

Vom Freiwilligen Zivildienst zum Bundesfreiwilligendienst

Basierend auf den beim BMFSFJ eingegangenen Hinweisen und Aspekten zu einem möglichen Ende des Zivildienstes hat der Bundesbeauftragte für den Zivildienst im September 2010 seinen Bericht zum Prüfauftrag aus der Kabinettsklausur vom 7. Juni 2010 vorgelegt. In diesem Bericht wird u. a. die Bedeutung des Zivildienstes für die Zivildienstleistenden selbst, für die von den Zivildienstleistenden Betreuten, für die Beschäftigungsstellen und für die Gesellschaft dargestellt. Ausgehend von den zu erwartenden Auswirkungen eines möglichen Wegfalls des Zivildienstes skizziert der Bundesbeauftragte den Handlungsbedarf. Dazu heißt es in dem Bericht:

*„Angesichts der beschriebenen Folgen einer Aussetzung der Wehrpflicht und damit des Zivildienstes bestünde bei einer Aussetzung der Wehrpflicht und der daraus folgenden Aussetzung des Zivildienstes **unter drei Gesichtspunkten Handlungsbedarf** mit dem Ziel, die dargestellten negativen Folgen möglichst zu verringern:*

- *Negative Effekte auf die **soziale Infrastruktur** sollten minimiert werden.*

- *Die positiven Prägungen eines **sozialen Engagements** sollten auch künftig möglichst viele junge Menschen erfahren können.*

- *Bei einer bloßen Aussetzung der Wehrpflicht müsste die Möglichkeit erhalten werden, den Zivildienst als Wehrersatzdienst wieder aktivieren zu können, dafür müssten Strukturen vorgehalten werden.*

Diese Ziele könnten durch einen freiwilligen Dienst, an dem eine große Zahl von Menschen teilnehmen, erreicht werden, wobei auch unter optimalen Bedingungen alleine schon mit Blick auf die Einsatzbereiche keine vollständige Ersetzung des Zivildienstes erreicht werden kann. Durch einen akzeptierten, weil attraktiven, Dienst wird nicht nur für die soziale Infrastruktur, sondern auch für die engagierten Bürgerinnen und Bürger ein Mehrwert geschaffen.

Naheliegend wäre die Schaffung eines einheitlichen Freiwilligendienstes, in dem die Strukturen und die Erfahrungen der Jugendfreiwilligendienste Freiwilliges Soziales Jahr und Freiwilliges Ökologisches Jahr einerseits und andererseits die durch die Aussetzung des Zivildienstes frei werdenden Bundesmittel einfließen könnten. Angesichts der gewachsenen Struktur der klassischen Jugendfreiwilligendienste, für die mangels einer anders-

lautenden Regelung im Jugendfreiwilligendienstegesetz die Verwaltungs-kompetenz bei den Ländern liegt, stünde eine solche Lösung aber vor erheblichen Voraussetzungen:

Für eine Zusammenführung müsste entweder das Konnexitätsprinzip (Art. 104a GG) durchbrochen werden, nachdem der Bund nur solche Aufgaben finanzieren darf, die er auch verwaltet. Oder die Verwaltung der Jugend-freiwilligendienste müsste von den Ländern an den Bund in ein neu zu schaffendes Bundesfreiwilligenamt übergehen. Angesichts des Engage-ments, das die Länder insbesondere im Freiwilligen Ökologischen Jahr auch durch die konzeptionelle Gestaltung zeigen, wäre der Verlust dieser Verwaltungskompetenz für die Länder spürbar.

Die Option der Schaffung einer wie beschrieben einheitlichen Struktur sollte weiter sorgfältig diskutiert werden. Angesichts des extrem hohen Handlungs- und Zeitdrucks, der gegeben ist, wenn bereits zum 1. Juli 2011 der ernsthafte Versuch unternommen werden soll, die negativen Folgen einer Aussetzung des Zivildienstes möglichst weitgehend aufzufangen, erscheint es als aussichtslos, diese Option kurzfristig umzusetzen. Wenn sowohl die Strukturen der Jugendfreiwilligendienste als auch die Mittel des Bundes genutzt werden sollen, kommt für den Bund nur ein eng auf FSJ und FÖJ bezogenes, formell aber eigenständiges Handeln in Betracht.

Der Ausbau der Förderung der klassischen Jugendfreiwilligendienste könnte und sollte dabei ein Baustein für den Ersatz des mit dem Zivildienst entfallenden Engagements sein. Dieser Weg stößt aber – wie bereits aus-geführt – an klare verfassungsrechtliche Grenzen: Der Bund hat nur eine eingeschränkte Finanzierungskompetenz für die Jugendfreiwilligendienste, die grundsätzlich Ländersache sind.

Durch den Ausbau der Jugendfreiwilligendienste wird zudem die Vorhal-tung von Strukturen für den Fall einer sicherheitspolitischen Notwendig-keit zur Rückkehr zum Pflichtdienst nicht gewährleistet, da FSJ und FÖJ verfassungsrechtlich und nach dem Selbstverständnis ihrer Träger keine Wehrersatzdienste sind.

Entsprechend müsste und könnte der Bund den bereits errichteten und über Jahrzehnte funktionierenden Zivildienst „vorhalten", um für den Fall einer Reaktivierung der Wehrpflicht vorbereitet zu sein. Da bei einer Aus-setzung die Wehrpflicht inaktiviert wäre, kann eine Fortführung des Zivil-dienstes nur als freiwilliger Dienst stattfinden.

Die Vorhaltefunktion würde die Möglichkeit eröffnen, seitens des Bundes einen Freiwilligen Zivildienst zu schaffen, den Kern der Infrastruktur des Zivildienstes, in erster Linie die zur Verfügung stehenden Einsatzplätze, soweit erforderlich zu erhalten und im Rahmen eines solchen Freiwilligen Zivildienstes in großem Maße freiwilliges Engagement zu fördern.

Unabdingbare Voraussetzung für das Erreichen einer zum Erhalt funktionierender Strukturen erforderliche Zahl von Teilnehmenden sind:

- *die gegebene klare **Bundeszuständigkeit**,*
- *eine deswegen auskömmliche **Finanzausstattung** und*
- *die Öffnung des Freiwilligen Zivildienstes für **Männer und** Frauen **aller Altersgruppen.***

Die Öffnung für Männer und Frauen sowie die Öffnung für alle Altersgruppen sind auch gleichstellungspolitisch und zur Vermeidung von Altersdiskriminierung erforderlich. Zur Steigerung seiner Attraktivität sollte der Freiwillige Zivildienst in erweiterten Einsatzbereichen (z. B. Sport, Kultur, Bildung) zugelassen werden.

Selbstverständlich wäre der Freiwillige Zivildienst so auszugestalten, dass nicht nur negative Effekte insbesondere auf die bestehenden Jugendfreiwilligendienste vermieden werden, sondern insgesamt eine Stärkung des bürgerschaftlichen Engagements und der zivilgesellschaftlichen Strukturen erreicht wird.

Nebeneinander bestünden dann weiterhin die bisherigen Jugend- und Auslandsfreiwilligendienste sowie ein Freiwilliger Zivildienst mit jeweils passgenauen, aufeinander abgestimmten Ausgestaltungen und staatlichen Förderungen. Die negativen Folgen einer Aussetzung der Wehrpflicht könnten damit spürbar abgefedert werden."[9]

Der Deutsche Caritasverband, die meisten anderen Spitzenverbände der Freien Wohlfahrtspflege sowie die Träger der Jugendfreiwilligendienste haben auf die Ankündigung des BMFSFJ, einen Freiwilligen Zivildienst einrichten zu wollen, ablehnend reagiert. Sie hatten – wie dargelegt – im Falle des Wegfalls des Zivildienstes dem entsprechenden Ausbau der Jugendfreiwilligendienste den Vorzug gegeben und befürchteten durch die Etablierung eines neuen, zusätzlichen Freiwilligendienstes auch die Schaffung entbehrlicher Doppelstrukturen. Darüber hinaus wurde befürchtet, dass beim Freiwilligen Zivildienst der finanzielle Anreiz für die Engagierten so hoch sein könnte, dass ein ruinöser Wettbewerb mit den Jugendfreiwilligendienste und deren etwaige Verdrängung die Folge sein könnte.

---

[9] Bericht des Bundesbeauftragten für den Zivildienst zum Prüfauftrag aus der Kabinettsklausur vom 7. Juni 2010, S. 18ff.

Auch seitens der Bundesländer wurden die Pläne des BMFSFJ sehr kontrovers bewertet und diskutiert. Einig war man sich darin, dass, wenn die Schaffung eines neuen Freiwilligendienstes in staatlicher Verantwortung erfolgt, eine Schwächung der bewährten Jugendfreiwilligendienste unter allen Umständen vermieden werden muss.

Initiativen und politische Gespräche auf allen Ebenen mit den verschiedenen Akteuren brachten folgende Ergebnisse:

In Abgrenzung zu den Landesfreiwilligendiensten FSJ und FÖJ wurde der neue Dienst in staatlicher Organisationsverantwortung „Bundesfreiwilligendienst" genannt.

Die Bemühungen des BMFSFJ, einen Bundesfreiwilligendienst zu etablieren gehen damit einher, dass der Bund seine Mittel zur Förderung der Bildung bei FSJ und FÖJ deutlich erhöht.

Um eine Verdrängung der klassischen Jugendfreiwilligendienste durch den Bundesfreiwilligendienst zu verhindern, wird das Prinzip der Koppelung (vgl. A – Z *Koppelung*) eingeführt.

Zur Erreichung der mit der Einführung eines Bundesfreiwilligendienstes verbundenen Ziele wäre nach mehrfach vertretener Auffassung des Deutschen Caritasverbandes der Ausbau der bestehenden Jugendfreiwilligendienste die prioritäre Option gewesen. Die Bundesregierung hat unter Hinweis auf finanz- und verfassungsrechtliche Bestimmungen dargelegt, dass der Transfer der bisher im Zivildienst eingesetzten Bundesmittel in die Jugendfreiwilligendienste so nicht umsetzbar ist. Der Deutsche Caritasverband hat ausdrücklich erklärt, an der Gestaltung des neuen Bundesfreiwilligendienstes konstruktiv mitzuwirken, um Möglichkeiten zum Engagement für junge Menschen zu erhalten. Genauso unmissverständlich hat der Deutsche Caritasverband jedoch auch seine Erwartung geäußert, dass den freien Trägern ein möglichst großer Gestaltungsspielraum eröffnet wird, der aus Gründen der Subsidiarität mit einem Freiwilligendienst verbunden sein muss.

Ganz ausdrücklich hat der Deutsche Caritasverband begrüßt, dass der Bundesfreiwilligendienst für Jüngere und Ältere zugangsoffen ist. Damit werden nicht nur die prognostizierten demografischen Veränderungen berücksichtigt. Der generationsoffene Charakter des Bundesfreiwilligendienstes ist gleichzeitig ein deutliches Signal an die Zivilgesellschaft, dass bei der Stärkung des Bürgerschaftlichen Engagements alle Altersgruppen gleichermaßen angesprochen werden.

Handlungsbedarfe und Herausforderungen

Seit Mitte September 2010, also mehr als zwei Monate vor der Vorlage eines Referentenentwurfs zum Bundesfreiwilligendienst, sind zivilgesellschaftliche Organisationen und Verbände gemeinsam mit dem BMFSFJ dabei, den Rahmen für den Bundesfreiwilligendienst so zu beschreiben und zu klären, dass seine Umsetzung möglichst gut gelingen kann. Ein Mustervertrag, mit dessen Verwendung (Vor-)Verträge zwischen Freiwilligen und dem Bund abgeschlossen werden können wurde gemeinsam erarbeitet und liegt seit einigen Wochen vor. Weit fortgeschritten sind auch die Diskussionen und Klärungen des sogenannten ÜA-Vertrages, auf dessen Grundlage der Bund Aufgaben zur selbständigen Wahrnehmung an die Zentralstellen übertragen kann. Mit der Verabschiedung des Bundesfreiwilligendienstgesetzes wurde der erforderliche rechtliche Rahmen geschaffen. Nunmehr liegt es in der Verantwortung der Zivilgesellschaft und ihrer Verbände und Organisationen, dem Bundesministerium für Familie, Senioren, Frauen und Jugend sowie dem Bundesamt für Familie und zivilgesellschaftliche Aufgaben sowohl für sich als auch im gegenseitigen Zusammenspiel ihre Beiträge zum Gelingen zu liefern.

Neben dem berechtigten Optimismus, dass mit der Etablierung des Bundesfreiwilligendienstes ein wichtiger Beitrag zur Förderung bürgerschaftlichen Engagements geleistet werden kann, gibt es auch Aspekte, die die Beteiligten vor allem in der Anfangsphase vor Herausforderungen stellen werden. Beispielhaft seien folgende zwei Punkte benannt:

1. Öffentlichkeitsarbeit/Werbung:

Es gibt in Deutschland keine Erfahrungswerte, welche konkreten Auswirkungen mit dem Aussetzen der Wehrpflicht und dem Ende des Zivildienstes verbunden sind. Klar dürfte sein, dass ein auf Freiwilligkeit beruhender Dienst einen staatlichen Pflichtdienst nur sehr unvollständig wird ersetzen können. Beim Werben um die Freiwilligen kommt den Diensten und Einrichtungen vor Ort eine Schlüsselfunktion zu: sie müssen sich gegenüber den potentiell Engagierten als interessante und attraktive Lern-, Bildungs- und Erfahrungsorte präsentieren. Auch wenn der Zivildienst, vor allem in den kirchlichen Beschäftigungsstellen, einen sehr hohen und anerkannten Lerndienstcharakter hatte: ein regelmäßiger Nachschub an Dienstleistenden war durch die jeweiligen Zyklen der Dienstdauer relativ gesichert. Verbunden mit dem kontinuierlichen Rückgang von Zivildienstleistenden hat sich relativ unbemerkt ein Wettbewerb zwischen den Beschäftigungsstellen etabliert, der als Ergebnis „gute" Zivildienststellen erbracht hat, weil die Zivildienstleistenden anspruchsvolle Tätigkeiten vorgefunden haben, die auch mit einem hohen Maß an Kompetenzerwerb verbunden waren. Diese jahrzehntelangen Erfahrungen aus dem Zivildienst und die damit verbundenen qualitativen Aspekte müssen für die Dienste und Einrichtungen vor Ort offensiv für die Gewinnung von Freiwilligen genutzt werden.

2. Begleitangebote für ältere Freiwillige:

Schon der im Herbst 2010 vom BMFSFJ vorgelegte Referentenentwurf zum Bundesfreiwilligendienstgesetz sah die Generationsoffenheit des neuen Dienstes vor. Allerdings wurden hinsichtlich der sogenannten Pädagogischen Begleitung der Freiwilligen keine altersgruppenspezifischen Differenzierungen vorgenommen. Der Deutsche Caritasverband hat dies in seiner Stellungnahme zu dem Entwurf[10] kritisiert und auch einen Lösungsvorschlag präsentiert, der im weiteren Gesetzgebungsverfahren Berücksichtigung gefunden hat. Demnach ist bei der Pädagogischen Begleitung zwischen den Bedürfnissen und Interessen Jüngerer und Älterer deutlich zu unterscheiden: „Jüngere Freiwillige erwerben und vertiefen ihre persönlichen und sozialen Kompetenzen, ältere Freiwillige bringen ihre eigene Lebens- und Berufserfahrung ein."[11]

Grundsätzlich sieht das Bundesfreiwilligendienstgesetz bei einer zwölfmonatigen Teilnahme eine Mindestdauer von 25 Seminartagen vor. Freiwillige, die das 27. Lebensjahr vollendet haben, nehmen in angemessenem Umfang an den Seminaren teil.[12] Diese Maßgabe entspricht den Erwartungen des Deutschen Caritasverbandes. Allerdings muss der rechtstechnisch sogenannte „unbestimmte Rechtsbegriff" in der Praxis mit Leben gefüllt werden. Die Normierung des Gesetzgebers bedeutet nicht, dass älteren Freiwilligen keine Seminarangebote im Rahmen der Pädagogischen Begleitung gemacht werden müssen. Sie unterstreicht vielmehr die besondere Herausforderung, die für Seminarangebote für Ältere sowohl bezogen auf Inhalt als auch Form gilt.

Es gibt bei den relevanten Akteuren höchst unterschiedliche Bewertungen und Einschätzungen hinsichtlich der Attraktivität des Bundesfreiwilligendienstes für Ältere. Nicht wenige sind der Auffassung, dass der Bundesfreiwilligendienst vor allem eine Engagementmöglichkeit für Jüngere darstellen wird. Der Deutsche Caritasverband ist, nicht zuletzt unter Hinweis auf den demografischen Wandel, jedoch der Auffassung, dass der Bundesfreiwilligendienst mit seinen Rahmenbedingungen für eine nicht

---

[10] Siehe „Entwurf eines Gesetzes zur Einführung eines Bundesfreiwilligendienstes – Stellungnahme des Deutschen Caritasverbandes" vom 29. November 2010.
[11] Vgl. Begründung zu § 1 BFDG.
[12] Vgl. § 4 Abs. 3 BFDG.

unerhebliche Anzahl Ältere eine attraktive Engagementform darstellen dürfte.[13] Diese Attraktivität ist jedoch durch passgenaue Angebote, die methodisch und didaktisch auf die besonderen Anliegen und Potentiale Älterer eingehen, immer wieder bewusst herzustellen. Im Zusammenhang mit der Beteiligung am Modellprogramm Generationsübergreifende Freiwilligendienste hat der Deutsche Caritasverband positive Erfahrungen mit der Engagementbereitschaft Älterer gemacht; die hierbei gewonnen Erkenntnisse werden wir im Bundesfreiwilligendienst nutzbar machen.

Ausblick

Mit der Einführung eines Bundesfreiwilligendienstes, der den Zivildienst als staatlicher Pflichtdienst zumindest in Ansätzen ersetzen soll, wird Neuland betreten. Mit der Organisation und Durchführung der Jugendfreiwilligendienste FSJ und FÖJ wurde in der Vergangenheit ausreichend Erfahrung und Wissen gesammelt, was die spezifischen Belange jüngerer Freiwillige betrifft. Bezogen auf die älteren Freiwilligen gilt es, separate und passgenaue Angebote und Formate zu entwickeln, wofür die bislang gewonnenen Erfahrungen und Erkenntnisse nutzbringend einzusetzen sind.

Der neue Bundesfreiwilligendienst wird als zusätzliche Dienstform neben den etablierten Jugendfreiwilligendiensten eingerichtet. Er agiert sowohl als eigenständige Dienstform, ist aber auch nicht unerheblich von den Entwicklungen bei FSJ und FÖJ abhängig. Die beiden bundeszentralen Träger des FSJ, der Bund der Deutschen Katholischen Jugend und der Deutsche Caritasverband, haben eine Kooperationsvereinbarung abgeschlossen. Auf dessen Grundlage wollen die beiden Vertragspartner ihre jeweils spezifischen Kenntnisse und Erfahrungen einbringen. BDKJ und DCV wollen gemeinsam Menschen aller Generationen attraktive Angebote für Freiwilligendienste in katholischer Trägerschaft anbieten und sie während der Zeit des freiwilligen Engagements qualifiziert begleiten. Dieser Schulterschluss der katholischen Akteure sollte für alle Dienste und Einrichtungen im katholischen Bereich Motivation und Anregung sein, sich an den Jugendfreiwilligendiensten und/oder dem Bundesfreiwilligendienst zu beteiligen. Eine solche Beteiligung führt nicht nur zu einer Stärkung Bürgerschaftlichen Engagements, sondern auch zu einer Zukunftsfähigkeit und Profilierung katholischer Dienste und Einrichtungen.

---

[13] Mit den Herausforderungen und Möglichkeiten der Einbeziehung Älterer widmet sich in dieser Publikation ein separater Beitrag.

2. Wege zur Realisierung des Bundesfreiwilligendienstes (BFD) - Herausforderungen und Möglichkeiten u.a. bei der Einbeziehung Älterer

Eugen Baldas

Zivildienstpflichtige wussten, dass sie bei Nichterfüllung des Zivildienstes erneut „herangezogen" werden konnten und entsprechend „nachzudienen" hatten. Um dieses Risiko zu minimieren hatten viele Zivis sich rechtzeitig um eine „interessante" oft auch ortsnahe Einsatzstelle bemüht. Auch in Konfliktsituationen im Dienst mit Kollegen oder bezogen auf den Einsatz war eher ein „Durchhalten" angesagt, als ein „Davonlaufen". Um es klar zu sagen: Es handelt sich beim BFD mitnichten mehr um einen Pflichtdienst und die von BFDlern einzugehende Verpflichtung hat den Charakter einer Selbstverpflichtung. Wird diese einseitig gelöst, bzw. wird der BFD vorzeitig beendet, gibt es für den BFDler keine sanktionierenden Konsequenzen. Ein Abbruch eines BFDs hat möglicherweise die Rückzahlung von erhaltenen Zuschüssen zur Folge, wie dies beim entwicklungspolitischen Freiwilligendienst „Weltwärts", den das BMZ auf der Grundlage von Richtlinien fördert, der Fall ist. Wie auch immer: Ein Abbruch eines BFDs fällt eher als Negativimage auf Einsatzstelle und Träger zurück, als auf Selbstverschulden des BFDlers.

Der Einsatz als solcher muss deshalb interessant und mit persönlichem Gewinn für den/die BFDler/in sein; zusätzlich müssen die Rahmenbedingungen stimmen, eben auch hinsichtlich der Art und Weise, wie der BFDler in die innerbetrieblichen Abläufe partizipierend und mitgestaltend eingebunden ist. Hier gilt es, Formen zu entwickeln, die den Freiwilligen in den Einsatzstellen ermöglichen, ihre Interessen (als Freiwillige) einzubringen; dies erfordert, in der Einsatzstelle eine Atmosphäre zum Bleiben zu erzeugen, mit der eine Erfahrung von Akzeptanz, Wertschätzung und Anerkennung für die Freiwilligen einhergeht. Es ist schließlich auch darauf zu achten, ob die Freiwilligendienstler in ihrem Freundeskreis mit der Aussage „Ich mache einen BFD" zur Aussage „Ich beginne mein Studium" oder „Ich habe Arbeit" konkurrieren können.

Der BFD darf nicht mit Nachteilen assoziiert werden und auch kein negatives Image hervorrufen.[14] Die Art der Einführung in den Einsatz, die

---

[14] Das Interview in der Badische Zeitung mit einem der ersten „Bufdis" (ein junger Mann, der einen Bundesfreiwilligendienst leistet) mit der Überschrift:„Ich fühle mich verschaukelt und ausgenutzt", ist in dieser Weise nicht gerade motivierend: BZ, 1.7.11, S. 2.

Einbindung in einen Kollegenkreis, die Möglichkeit der Teilnahme an Fort- und Weiterbildungen, Qualifizierungen u.a.m. sind daher wichtig, weil sie bereichern. Es braucht einen anderen Umgang mit BFDler als den mit Zivis und möglicherweise auch neue BFD-Plätze und nicht nur nunmehr eine mit BFDlern zu besetzende ehemalige ZDL-Stelle.

Zwar haben sich Verbände seit Jahren zur „Konversion des Zivildienstes" Gedanken gemacht – diese Gedanken bewegten sich allerdings weithin im Phantombereich - weil niemand ernsthaft mit dem Ende der Wehrpflicht gerechnet hat; denn, das Alternativkonstrukt, eine zeitlich offenen Aussetzung der Wehrpflicht, kam vor Guttenberg niemandem in den Sinn.[15] Im Nachgang zur damaligen innerverbandlichen Diskussion und Positionsfindung hatte der DCV eine „Machbarkeitsstudie Freiwilligendienste" in Auftrag gegeben, deren Ergebnisse mit dem Titel „Freiwilligendienste haben es in sich. Studien zu Art, Umfang und Ausbaumöglichkeiten von Freiwilligendiensten im kirchlich-sozialen Umfeld" publiziert wurde; diese konstatierte eine breite Bereitschaft kirchlicher Rechtsträger für neue Freiwilligendienste und empfahl dem DCV einen Ausbau vorhandener Freiwilligendienste, eine Flexibilisierung von Zeit und Dauer und die Öffnung auf neue Zielgruppen.[16] Es wird auf die Grundentscheidung bei Trägern und Einsatzstellen ankommen, Freiwillige in unterschiedlichen Formen von Freiwilligendiensten zu wollen und passende Rahmenbedingungen sowie Entwicklungschancen zu bieten. Die Studie lag zum Arbeitsbeginn der „Kommission Impulse für die Zivilgesellschaft" vor und ging in die dortigen Überlegungen ein.[17]

Bundesfreiwilligendienst für Ältere - Erfahrungen aus dem Modellprogramm Generationsübergreifender Freiwilligendienst

Der BFD ist altersoffen; insbesondere können auch Personen, die 27 Jahre und älter sind, einen BFD leisten. Damit tatsächlich ältere Menschen einen BFD für sich in Erwägung ziehen, braucht es adäquate Informationen und eine Beratung für einen Einsatz, der zur Lebenssituation Älterer passt und Sinn erfüllend ist.

---

[15] Eugen Baldas: Zukunft von Freiwilligendiensten. Möglichkeiten und Grenzen einer Konversion von Zivildienststellen in Plätze für Freiwilligendienste, in: Soziale Kompetenz entwickeln. Bilanz des Zivildienstes und Perspektiven für Freiwilligendienste. Studientagung beim DCV vom 7.-11.2.2000, Dokumentation von Plenum und Workshops, Freiburg 2000 (Manuskripte).
[16] Eugen Baldas/ Rainer A. Roth (Hrsg.): Freiwilligendienste haben es in sich. Studien zu Art, Umfang und Ausbaumöglichkeiten von Freiwilligendiensten im kirchlich-sozialen Umfeld; Freiburg 2003, S. 476ff.
[17] BMFSFJ (Hrsg.): Perspektiven für Freiwilligendienste und Zivildienst in Deutschland. Bericht der Kommission Impulse für die Zivilgesellschaft; Berlin 2004.

Mit dem Modellprogramm Generationsübergreifende Freiwilligendienste (GFD) des BMFSFJ wurde in den Jahren 2005 – 2008 getestet, ob der Freiwilligendienst weiterhin ein Privileg der Jugend sein soll, oder ob und wenn ja, wie sich diese Form des Bürgerengagements für alle Generationen öffnen lässt. Der DCV hat sich an diesem Modellversuch mit erheblichen Anstrengungen beteiligt, auch deshalb, weil er im Rahmen seiner strategischen Ziele bis 2011 zivilgesellschaftliches Engagement stärker integrieren wollte.[18] Im DCV gab es zu Beginn des GFD-Modellprojektes eine innerverbandliche Diskussion zu Freiwilligendiensten mit Verbandsbeschlüssen, die eine Ausweitung der Jugendfreiwilligendienste und eine Öffnung für neue Zielgruppen im Blick hatten. Diese Ziele waren mit den Anliegen des BMFSFJ im GFD-Modellprogramm kompatibel. Gleichzeitig wurden Anstrengungen unternommen, neue Plätze für Zivildienst und Freiwilligendienste, insbesondere unter dem Aspekt sozialer Lerndienste, einzurichten.[19]

Der vom Zentrum für zivilgesellschaftliche Entwicklung vorgelegte Schlussbericht[20] und auch die im DCV erstellte innerverbandliche Bilanz[21] über die Ergebnisse des GFD-Modellprogramms zeigen, dass mit dem GFD neue Zielgruppen gewonnen werden konnten und eine Flexibilisierung der Jugendfreiwilligendienste gelungen war, allerdings um einen Preis: Von Ausnahmen abgesehen, erweist sich die Öffnung wohl nur dann erfolgreich, wenn auf das Kriterium „Vollzeiteinsatz", d.h. arbeitnehmerähnliche Beschäftigung mit 38,5 Wochenstunden, verzichtet wird. Die zeitliche Mindestvorgabe der Richtlinien zum GFD-Modellprogramm mit 20 Wochenstunden für die Dauer von drei Monaten lag dabei allerdings deutlich unter den damaligen Vorstellungen zahlreicher Träger von Freiwilligendiensten. Für einen 20-Stunden-Einsatz pro Woche konnten im GFD-Modellprogramm Menschen ohne Arbeit, Vorruheständler, die sich für den nochmaligen Einstieg in das Berufsleben bereithalten mussten, und auch wenige Rentner, die infolge einer sehr geringen Rente den Wunsch nach Taschengeld äußerten, gewonnen werden. Die meisten Pen-

---

[18] Vorstand des Deutschen Caritasverbandes, Strategische Ziele bis 2011, in: www.caritas.de/38845html.

[19] Vgl. Handreichung: Zivildienste und Freiwilligendienste: Für alle ein Gewinn, neue caritas spezial, 11/2006.

[20] Thomas Klie/ Theodor Pindl: Das Bundesprogramm Generationsübergreifender Freiwilligendienste – Initialzündung für eine neue Engagementkultur in Deutschland, in: neue Praxis 1/08, S. 58ff.

[21] Eugen Baldas: Bilanz zum Modellprogramm Generationsübergreifender Freiwilligendienst aus bundesweiter Koordination, in: Eugen Baldas/ Rainer A. Roth/ Helmut Schwalb (Hrsg.), Talente einsetzen – Solidarität stiften. Modellprogramm Generationsübergreifender Freiwilligendienste, Freiburg 2009, S. 248ff.

sionäre und Rentner wollten maximal 10 Stunden / Woche, d.h. ca. einein-halb Tage einen Dienst leisten – nicht länger, weil sie dann eine ähnliche Bindung einzugehen glaubten, die sie mit dem Berufsausstieg erst verlas-sen hatten. Da der BFD für Ältere auf mindestens 20 Wochenstunden fixiert ist, kommt die Gruppe der Ruheständler als Zielgruppe für den BFD kaum in Betracht - allenfalls als vorzeitige Ausstiegsvariante aus dem Berufsleben, dann allerdings mit einem entsprechend angepassten Rah-men.

Der GFD hat sich als Form projektbezogenen Engagements bewährt. Die Erfahrungen mit diesem Ansatz sind für eine Konzipierung eines BFDs für Ältere durchaus hilfreich. Vorruheständler, von denen man annehmen könnte, sie würden sich auf eine mehrjährige kontinuierliche und zeitin-tensive ehrenamtliche Tätigkeit einlassen, wollen vorab Aufgaben, Zeiten und Rahmen kennen, um sich dann, ggf. nach einer Test- oder Hospitati-onsphase, festzulegen, wo und wie sie freie Zeit, Kenntnisse, Fähigkeiten, Kontakte und Lebenserfahrungen verschenken wollen. Diese Dinge spre-chen ganz dafür, konsequent einen projektbezogenen Typus des Engage-ments mit Transparenz von Aufgaben und Rahmen aktiv zu wollen. Der GFD ist dabei eine interessante, spannende und Erfolg versprechende Engagementform, die im „Freiwilligendienst aller Generationen" weiter-geführt wurde und die nun, mit der 20-Stunden-Variante für mindestens 6 Monate, als BFD für eine Teilgruppe von Menschen in unserer Gesell-schaft konzipiert werden kann.

Deutlicher als die Ergebnisse der Ehrenamtsbefragung[22] zeigen Schilde-rungen von GFD-Freiwilligen, dass Mitwirkung und Einbindung in eine konkrete Dienstgemeinschaft zu klären sind. Wer 20 Stunden in einer Einrichtung freiwillig tätig ist, sieht sich anders in innerbetriebliche Ab-läufe eingebunden, als diejenigen, die zwei bis drei Stunden wöchentlich einbringen. Partizipation, Information und Feedback zur Leistung und damit Anerkennung des Engagements stehen deshalb in diesen Diensten konsequenter an. Aus den Ergebnissen der Ehrenamtsbefragung ging deut-lich hervor, dass die Belange von Ehrenamtlichen stärker in die Aus- und Weiterbildung integriert werden müssen.[23] Die Ergebnisse aus den bun-desweiten Freiwilligenseminaren zeigen zudem, dass BFD-Freiwillige an Fragen interessiert sind, die den Fachbereich überschreiten und sich ge-sellschaftlichen Fragestellungen nach der Rolle von Ehrenamt und Freiwil-

[22] Eugen Baldas/ Christopher Bangert (Hrsg.): Ehrenamt in der Caritas. Allensbacher Reprä-sentativbefragung, Qualitative Befragung. Ergebnisse – Perspektiven; Freiburg 2008.
[23] Georg Cremer: Nun die Erkenntnisse nutzen – zu einigen Konsequenzen für die verbandli-che Arbeit, a.a.O., S. 282f.

ligentätigkeit in Staat, Kirche und Gesellschaft zuwenden. Besonders geschätzt wurde, dass es dabei zu einem generationsübergreifenden Austausch von Erfahrungen im Freiwilligendienst kam. Darüber hinaus haben GFD-Freiwillige die Teilnahme an Fachtagen und Fortbildungsveranstaltungen begrüßt. Zu Beginn des BFDs sollte der Besuch eines Qualifizierungsangebotes fest eingeplant werden; überregionale und auch bundesweite Austauschtreffen, die Qualifizierungen und Kulturelles verbinden, haben sich im GFD-Modellprojekt bewährt und könnten im BFD weiter realisiert werden.[24]

Gestaltungsaufgaben: Attraktive Freiwilligendienste

Freiwilligendienste sind Formen von Bürgerengagement, die sich zunehmender Beliebtheit erfreuen. Es ist indes nicht korrekt, wenn Kolumnenschreiber mit Blick auf den Übergang von Zivildienstleistenden in den BFD notieren: „Die Zahlen brechen ein!"[25] – Es gibt bislang in Deutschland bis dato keine Erfahrungen eines Übergangs von einem Pflichtdienst in einen Freiwilligendienst. Ehemalige Zivis verneinen fast durchweg die Frage: „Hätten Sie den Zivildienst auch dann gewählt, wenn dieser freiwillig und nicht vom Gesetzgeber als verordneter ziviler Ersatzdienst für Kriegsdienstverweigerer verpflichtend vorgeschrieben worden wäre?" Aber die Antwort auf die sich anschließende Frage: „Nun, da Sie diesen Zivildienst geleistet haben – bedauern Sie diese Zeit?" ist allerdings hierzu durchweg „Nein".[26] Diese Aussagendiskrepanz macht das Dilemma deutlich: Die jungen Männer fangen vermutlich erst gar nicht mit dem BFD an, folglich können sie die Erfahrungen, von welchen ehemalige Zivis sagen, dass sie diese nicht missen wollten, gar nicht machen. Es wird also entscheidend darauf ankommen, junge Leute zu motivieren, den BFD zu wagen. Dazu muss ihnen klar sein, warum dieser BFD für sie selbst und für Andere gewinnbringend sein kann.

Für ältere Leute liegen keine Erfahrungen eines Pflichtdienstes vor – die Generationen der Eltern und Großeltern waren froh, als der Arbeitsdienst und Kriegshilfsdienst im 3. Reich mit Kriegsende aufhörten; der freiwilli-

---

[24] Vgl. die vom DCV unter Leitung von Helmut Schwalb durchgeführten bundesweiten Freiwilligenseminare: Helmut Schwalb/ Florentine Beck/ Eugen Baldas: Freiwilligenseminare und Fachtage für Träger und Einsatzstellen im Modellprogramm Generationsübergreifende Freiwilligendienste, Materialienband, DCV/ Referat Gemeindecaritas und Engagementförderung; Freiburg 2008.

[25] Schwäbische Zeitung vom 19.4.2011, Mangel: Jetzt heißt es „Freiwillige vor".

[26] Eine empirische Untersuchung dazu liegt bis dato nicht vor. Es gibt aber hierzu verschiedene biographische Repliken, in denen diese Frage explizit oder implizit beantwortet wird; vgl. Daniel Gerber: „Aus und vorbei! Der Zivi muss gehen", in: Konradsblatt, Wochenzeitung für das Erzbistum Freiburg, 6.2.2011, S. 20ff.

ge Einsatz von Trümmerfrauen und Jugendlichen bei Aufräumarbeiten der Verwüstungen durch die Fliegerangriffe der Alliierten wurde hingegen als aktives Zupacken in der Not und nicht als ein freiwilliger Hilfsdienst o.ä. aufgefasst; dies wurde als notwendige Vorbereitung eines Wiederaufbaus empfunden. Vom „Freiwilligendienst" war deshalb so schnell nach 1945 auch nicht die Rede – der Sache nach jedoch schon. Der Form nach haben sich Freiwilligendienste mit ihrem Anspruch an Qualität in Vorbereitung und Begleitung und auch mit dem Ziel der Nachhaltigkeit mit Blick auf eine weitere zivilgesellschaftliche Nutzung des aus dem Freiwilligendienst Gelernten erst später herausgebildet. Zur Realisierung eines BFDs für Ältere sind die Erfahrungen aus dem GFD-Modellprogramm, wie oben beschrieben, weiterführend.

Für Jüngere und Ältere bleibt festzuhalten, dass ein BFD attraktiv sein muss – d.h., der BFD muss zu allererst in die jeweilige Lebenssituation passen, die Aufgabe muss interessant und bewältigbar sein, ferner muss in der Durchführung der Aufgabe ein größerer Sinn erkennbar sein, das „Betriebsklima" muss stimmen und nicht zuletzt muss sich das Ganze nachhaltig „rechnen" – für Person und Institution. Da sich in lebensweltlicher Passung und in den mit dem Einsatz einhergehenden persönlichen Zielen sowie auch in Herangehensweisen, Vorbereitung und Durchführung Unterschiede zwischen jüngeren und älteren Menschen zeigen bzw. vorliegen, gilt es, unterschiedliche Aspekte im Blick zu behalten und zu berücksichtigen; denn Jüngere haben das Leben noch weithin vor sich, während Ältere ggf. noch einmal gezielt ihre beruflichen Erfahrungen einbringen wollen, aber andererseits auch das Lebensende bedenken oder eine Alterszeit ohne aktive Schaffenskraft erleben wollen. Deshalb wird es auch auf das Wie ankommen, sowie darauf, wie die BFDler in der Dienststelle akzeptiert, anerkannt und in ihren Anliegen ernst genommen werden. Dazu müssen die lokalen Rahmenbedingungen für BFDler adäquat sein.

Für den DCV-Verbandsbereich wurden 3.300 BFD-Plätze genehmigt; bedenkt man, dass bis dato ca. 10.000 Zivildienstleistende im DCV-Verbandsbereich aktiv waren, müsste es eigentlich möglich sein, diese wenigen BFD-Plätze altersoffen zu besetzten; zum Stichtag 1.Juli sind 300 BFD-Verträge unterschrieben und weiter 100 Verträge in Bearbeitung. Damit sind ca. 10% der angedachten BFDler im Einsatz. Wenn der BFD verbandlich gewollt und damit die restlichen 90% der geplanten Plätze beworben werden sollen, dann lohnt ein mehr systematisch gerichteter Blick, bei dem Einiges zu beachten ist.

1. Gestaltungsaufgabe I: Attraktiver Freiwilligendienst für Jüngere

Wer für jüngere Menschen den BFD anbieten möchte, muss zunächst die Lebensphasen zwischen 17 und 27 Jahre sehen und die persönlichen Ziele dieser Altersgruppe sowie die individuellen Wünsche der jeweiligen Person im Blick haben. Folgende Differenzierung in Untergruppen ist für Ansprache und Ausgestaltung möglicherweise hilfreich:

• Abiturienten:

Nach 12 Jahren Schulzeit bietet sich für manchen die Chance, eine Zäsur zu machen, inne zu halten und sich ein Jahr der Orientierung und des sozialen Lernens zu widmen. Etliche werden für sich selbst auch eine Orientierung für einen späteren sozialen Beruf suchen. Dabei wird die Frage nach der möglichen Anerkennung als „Vorpraktikum" oder Ähnlichem zu beantworten sein, um danach ohne weitere Vorpraktika ein Studium an einer Hochschule für Sozialwesen aufnehmen zu können.

• Sprach- und Kulturbegeisterte:

Mit Blick auf die zunehmende Bedeutung von Globalisierung sind fremdsprachliche Kenntnisse oder das Erlernen einer neuen Sprache, verbunden mit interkulturellen Erfahrungen, zunehmend wichtiger werdende Aspekte. Junge Leute haben heute eine breite Palette von Möglichkeiten: Weltwärts-Einsätze in Entwicklungsländern, Europäischer Freiwilligendienst, Auslands-FSJ, Internationaler Jugendfreiwilligendienst.[27] Vielleicht greifen aber Interessenten zu, wenn man ihnen einen Freiwilligendienst in Form eines Zwei-Länder-Einsatzes anbietet, der zunächst für 6 Monate in Form eines BFDs im Inland geleistet wird und dem sich dann in Form eines Europäischen Freiwilligendienstes, eines Auslands-FSJs oder eines Weltwärts-Einsatzes ein zweiter Teil des Freiwilligendienstes in einer der Partnerorganisationen im Ausland anschließt. Im Gegenzug könnte man dem ausländischen Partner die Möglichkeit eröffnen, dass von dort junge Leute nach Deutschland kommen und hier einen BFD leisten. Die bereits 2003 im Rahmen der Konsequenzen der Ergebnisse der Freiwilligendienstestudie vorgetragene Idee des Zwei-Länder-Einsatzes sollte in diesem Zusammenhang ernsthaft neu bedacht und realisiert werden.[28]

• Überbrückung von Wartezeiten:

Die Absage eines Wunsches nach einem Studienplatz oder einer Ausbildungsstelle trifft auch existentiell. Anstelle eines inhaltsreichen neuen Lebensabschnitts steht eine Leere: Was tun in der Zeit, wenn die Schule zu

---

[27] Eugen Baldas/ Florentine Beck/ Angela Plichta: Freiwilligeneinsätze weltweit, Leitfaden zu selbstorganisierten Freiwilligendiensten. Für Freiwillige und Träger, Vereine, Schulen, Partnerschaftsgruppen und Pfarrgemeinden, Freiburg 2008/2009.

[28] Eugen Baldas/ Reiner A. Roth (Hrsg.): Freiwilligendienste haben es in sich, a.a.O, S. 480.

Ende ist und Studium oder Ausbildung erst später aufgenommen werden können? In dieser Lebenssituation ist ein Freiwilligendienst passender, erfüllender und weiterbringender als die Suche nach einem Gelegenheitsjob oder einfach nur das Warten zu Hause auf bessere Zeiten. Hier braucht es eine kurzfristige Anfangsmöglichkeit und eine hohe Flexibilität.

- Hochschulabsolventen oder Ausbildungsabsolventen:
Nicht immer gelingt nach dem Abschluss von Studium oder Ausbildung der nahtlose Einstieg in das Berufsleben. Hier kann sich ein BFD anbieten, um in einen beruflichen Alltag hinein zu schnuppern und auch um andere Kompetenzen, so etwa sogenannte soft skills (Personale Kompetenzen, Sozial-kommunikative Kompetenzen, Aktivitäts- und umsetzungsorientierte Kompetenzen)[29] zu erwerben, die zunehmend im Beruf wichtig sind.

- Personen mit „special needs":
Schließlich ist auch zu erwägen, jungen Erwachsenen mit einem erhöhten Betreuungsbedarf einen BFD zu ermöglichen. Zu denken ist u.a. an junge Erwachsene nach einer Haftentlassung oder an Menschen mit Behinderungen.

- Migranten:
Einen BFD können auch junge Leute anderer Nationalitäten aufnehmen; Menschen mit Migrationshintergrund und Migranten leisten bislang nur vereinzelt einen Freiwilligendienst. Auch Flüchtlinge im Status als Geduldete oder Bleibeberechtigte kommen für einen BFD in Frage.

Folgende Fragen stehen für konkrete Planung zur Beantwortung an:

- Was ist genau zu tun und welcher eigenverantwortliche Gestaltungsrahmen bleibt?

- Wie erfolgt ein Austausch der Freiwilligen in verschiedenen Einsatzfeldern?

- Wie ist der Einstieg geplant und bei welchen Fachtagungen oder anderen Qualifizierungsangeboten können BFDler teilnehmen?

- Welche Formen der Anerkennung gibt es – über das Taschengeld hinaus?

2. Gestaltungsaufgabe II: Attraktiver Freiwilligendienst für Ältere

Analog ist auch hier zunächst nach den Lebenssituationen zu fragen, in denen ein BFD passend und sinnvoll geleistet werden kann. Die Erfahrun-

---

[29] Vgl. Deutsches Jugendinstitut u.a.: Kompetenzbilanz aus Freiwilligen-Engagement, München 2007.

gen aus dem GFD-Modellprogramm zeigen, dass die Bereitschaft zu einem Freiwilligendienst auch bei Älteren vorhanden ist, wenn dieser passt. Ein gesetzlich geregelter Freiwilligendienst für Ältere ist ein Novum und als solcher in der Tat offen gestaltbar.

- Berufseinstieg nach Familienphase:
Es ist nach wie vor weiterhin schwierig, nach längerer Familienpause den neuerlichen Berufseinstieg nahtlos zu meistern. Ein BFD ist dann interessant, wenn er sich an den früher erlernten beruflichen Kenntnissen individuell orientiert und Qualifizierungen bereithält, die den Wiedereinstieg erleichtern.

- Berufsausstiegssituation:
Wer das Ende seines beruflichen Lebens vor sich hat und spürt, wie andere nach seiner Aufgabe streben, ist möglicherweise gerne bereit, in Altersteilzeit oder im Rahmen einer anderen Regelung vorzeitig auszuscheiden und einen BFD zu leisten. Dabei muss eine gewisse Relevanz für die spätere Rente gegeben sein; ggf. ist auch über einen Gehaltsausgleich zu sprechen. Möglicherweise gibt es aber auch Eigeninteressen, etwa dieses: Im Fall einer Pflegesituation bei Angehörigen mehr über Pflege zu erfahren und selbst das zu lernen, was zu Hause im familiären Bereich anwendbar ist.

- Seitenwechsel/ Sabbatpause:
Mal etwas Anderes unternehmen, bei Erhalt der Arbeitsplatzsicherheit - das ist der Wunsch Vieler, die lange Berufsjahre hinter sich haben. Für Viele kommt in dieser Situation eher ein Solidardienst im Ausland in Frage – es ist indes bislang noch nicht wirklich versucht worden, auch im Inland eine solche persönliche Zäsur in Form eines Freiwilligendienstes zu leisten. Wenn die individuellen und persönlichen Ziele bekannt sind, lässt sich auch hier ein BFD passend gestalten.

- Menschen in prekären Lebenssituationen:
Von Arbeitslosigkeit Betroffene: Beim GFD-Modellprogramm zeigte sich, dass hier eine Zielgruppe vorhanden ist, die den BFD gerne nutzt, um sich und anderen zu zeigen, dass man weiterhin zu etwas fähig ist, etwas kann und bei dem auch andere einen Nutzen haben. Dabei kann Verlerntes neu trainiert werden und Neues gelernt werden. Im Ergebnis verbessern sich die Chancen für eine Arbeitsaufnahme, da bei Bewerbungsgesprächen Engagementbereitschaft offengelegt und im Freiwilligendienst erworbene Kompetenzen mit eingebracht werden können. Überdies entstehen im Freiwilligendienst Kontakte, die möglicherweise zu einem Vorstellungsgespräch führen oder für Hinweise hinsichtlich einer Arbeitsaufnahme hilfreich sind.

- Menschen mit „special needs":
Es gibt zahlreiche Personen, bei denen feststeht, dass sie nicht ins Er-
werbsleben eintreten oder nicht mehr zurückkehren können. Menschen mit
Erwerbsunfähigkeitsrente könnten indes bspw. für Bereiche, in denen sie
noch Kräfte und Stärken haben, diese in der Form eines Freiwilligendienstes einbringen. Oft wollen diese Personen in irgendeiner ihnen noch möglichen Weise nützlich sein – es bleibt individuell auszuloten, was geht und
wo Grenzen liegen. Auch für Menschen mit Behinderungen kann ein
Freiwilligendienst möglich sein. Verantwortliche in den Einsatzstellen
werden abwägen, was selbstständig im Freiwilligendienst geht und wo
zusätzlicher Betreuungsbedarf erforderlich ist. Der BFD ist für Menschen,
die lange Jahre in Haft waren, möglicherweise eine neue Variante, die
Wiedereingliederung in die Gesellschaft zu versuchen und aus der Situation des Freiwilligendienstes heraus, sich um eine reguläre Beschäftigung
zu bemühen. Wer wirklich ein neues Leben beginnen möchte, hat so die
Chance, in neuer Umgebung sich zu Recht zu finden und Anerkennung
zurückzubekommen. Wie weit auch hier ein sozialer Betreuungsdienst
erforderlich ist, müsste indes noch gründlicher erörtert werden.

- Menschen mit Migrationshintergrund, Migranten, Flüchtlinge:
Der BFD ist offen für Menschen aller Nationalitäten; darin liegt eine besondere Chance: Der Freiwilligendienst bietet eine Form der Integration,
auch temporär, weil im Freiwilligendienst Fähigkeiten und Fertigkeiten
zum Nutzen anderer eingebracht werden und dabei Vertrauen wächst.
Migranten können ihre Sprachkenntnisse verfestigen und erhalten z.B.
einen Einblick, wie hierzulande das Sozialsystem funktioniert. In kulturel-
ler Vielfalt leisten sie auch einen Beitrag zur interkulturellen Öffnung von
Einrichtungen.

Beim GFD-Modellprogramm stand für Ältere die Möglichkeit, einen „Solidardienst" zu leisten, im Vordergrund. Allerdings beschränkte sich diese
Form auf ca. 10 Stunden in der Woche – für einen BFD viel zu wenig.
Wenn Ältere einen BFD wählen, dann vermutlich nicht einfach um des
Helfens willen, wie dies beim Freiwilligendienst aller Generationen mit
mindestens 10 Stunden / Woche der Fall ist. Vielmehr verbinden die Personen, die einen BFD leisten, diesen oft mit persönlichen Interessen. Es
wird eine besondere Herausforderung sein, dieses Eigeninteresse und diese
der jeweiligen Lebenssituation geschuldeten Ziele kompatibel zu machen.
Ferner sind die Erwartungen der Einsatzstellen und Träger sowie die Anforderungen der Menschen, die den direkten Nutzen des BFDs haben, zu
bedenken. Primär gilt es, die anstehenden Aufgaben zum Wohle der Menschen, die diese Hilfeleistung von der Caritas-Einrichtung erwarten, zu

bewältigen. Der BFD muss daher auch in die Konzeption einer Einrichtung passen.

Beim Modellprogramm Generationsübergreifender Freiwilligendienst hat sich gezeigt, dass zahlreiche Einsätze als Projekte geleistet wurden, mit Vorbereitung, Anfang und Ende, sowie einer Nachbereitung. Möglicherweise bietet sich Ähnliches auch bei einem BFD für Ältere an, insbesondere, wenn dieser BFD mit persönlichen Zielen verbunden ist. Es gibt im DCV einen klaren Nachholbedarf für projektbezogene Mitwirkungsmöglichkeiten – dies ist eine markante Feststellung aus den Ergebnissen der Allensbacher Repräsentativbefragung von Ehrenamtlichen in der Caritas. Zahlreiche Menschen wollen Zeit und Leistung unentgeltlich einbringen – allerdings zeitlich überschaubar und bei klarer Aufgabenstellung. Information und Beratung, wie diese bei den Freiwilligen-Zentren seit Jahren erfolgreich geleistet werden, und ein aufgabenbezogenes Gespräch in der Einrichtung sind für ein Gelingen unerlässlich. Dazu ist eine kommunikative Art der Einbindung des BFDs in dienstliche Abläufe mit adaquaten Formen der Partizipation zu realisieren.

Gesamtkonzept Freiwilligenmanagement:
Werbung – Beratung – Vorbereitung – Begleitung – ‚Follow up'
Die Träger und Einsatzstellen brauchen für die Vorhaltung und Erledigung sozialer Dienste verlässliche Leute, Menschen die abgeklärt sind und wissen, was sie wollen; andererseits: Bewährt hatte sich auch, wenn jemand als „Lebensorientierung" einen „Lerndienst" gewählt hatte. Mit Herz und Verstand, mit Leidenschaft und Know how aktiv den Freiwilligendienst für sich und für andere zu leisten, eben für Menschen, die hauptsächlich einen Nutzen davon haben - darum geht es. Nicht jeder kann alles, nicht jeder muss alles können - was aus dem beruflichen Leben nur zu bekannt ist, gilt auch für den Freiwilligendienst. Der BFD ist als Maßnahme zur Beschäftigung ungeeignet – gleichwohl muss ein Freiwilligendienst für Menschen unterschiedlicher Ausbildung, Intelligenz und unterschiedlichen sozialen Standes möglich sein.

Für den BFD braucht es eine konzeptionelle Grundlage, aus der hervorgeht, welche Zielgruppen als BFDler gewünscht sind, wie man diese Personen gewinnen kann, wer diese für einen BFD anspricht und motiviert, wie den Interessierten kleine erste Vor-Ort-Erfahrungen vermittelt werden können, um eine positive Entscheidung für einen BFD zu beflügeln. Ferner sollten die Durchführung und auch das Engagement danach bereits vorab bedacht sein.

- Werbung:

Zahlreiche Verbände sind mit Kampagnen längst auf dem Markt. Die Werbung zielt zumeist auf junge Leute, Mädels und Jungs, werden mit „Du" angesprochen: „Mach dein FSJ bei der Caritas: Sammle Erfahrungen, unterstütze Kinder, WG-Zimmer frei."[30] Man wird dann im Einzelnen sehen, ob ein FSJ oder der neue BFD in Frage kommen wird. Das Inserat mit Teilübernahme des Aufrufes zum Europäischen Jahr der Freiwilligen zur Förderung aktiver Bürgerschaft „Beweg' was! Make a difference!" wirkt ansprechend. Andere wählen in Anlehnung an John F.Kennedys „big words": „Don't ask, what your country should do for you, ask yourself, what you may do for your country!", den Aufruf: "Tue etwas für Dein Land und für Dich selbst – leiste einen BFD!". Inserate dieser Art machen den BFD bekannt und bringen ihn in die Nähe des längst bewährten FSJ. Wer sich angesprochen fühlt, wird reagieren. Nur: Es ist bisweilen hilfreich, ergänzend zu Zeitungsanzeige, erläuternde und tiefer motivierende Gespräche anzubieten, bei denen den Interessenten der Unterschied zwischen einem FSJ, einem BFD und anderen Freiwilligendiensten offen gelegt wird.

- Information, Motivation, Beratung:

Die Vorgehensweise der Freiwilligen-Zentren und der ‚Beratungsstellen Freiwilligendienste', in Engagementgesprächen Interessenten in ihren Engagementvorhaben zu bestärken, über Realisierungswege zu informieren und Ideen zur Konkretisierung zu entwickeln, hat sich hierbei durchaus bewährt; denn die Vorstellungen vieler zum Engagement bereiter Menschen orientieren sich ganz an deren zeitlichen und lebensweltlichen Gegebenheiten. Die Information und Beratung, wie sie die Freiwilligen-Zentren der Caritas seit über 15 Jahren in Deutschland mit Erfolg anbieten, werden im aktuellen Umfeld erneut wichtig werden.

Das Infopaket für Schulen, mit dem Freiwilligen-Zentren für ein Engagement werben, wird künftig auch den BFD enthalten müssen. Mit Blick auf einen Freiwilligendienst für Ältere braucht es aber auch Infosets für die Zielgruppe 55+ sowie für Menschen mit besonderem Betreuungsbedarf.

Im GFD-Modellprojekt konnten so bundesweit ca. 20 Info- und Beratungsstellen zum GFD eingerichtet werden. Diese lokalen Kompetenzzentren sollten für den BFD neu akquiriert, ausgeweitet und durch eine BFD-Online-Beratung ergänzt werden.

---

[30] In groß aufgemachten bunten Inseraten und über facebook sucht der Caritasverband Freiburg Stadt in Deutsch und Englisch FSJler, z.B. in: Der Sonntag, 15. Mai 2011, S. 8.

- Beschreibung von Aufgaben, Anforderungen und Gestaltungsräumen:
Hilfreich ist, dass für Stellen, die mittelfristig als Einsatzstellen für einen
BFD gedacht sind, ein Aufgaben- und Anforderungsprofil erstellt wird.
Möglicherweise ist dieses für die Anerkennung einer Stelle ohnedies erforderlich; das Instrumentarium hat den Fokus, dass der/die Interessent/in
eine gewisse Vorstellung hat, worauf er/sie sich einlassen möchte und dass
er/sie dabei erfährt, ob und ggf. welcher Art Vorbereitung es dazu bedarf.
Möglicherweise bieten sich BFD-Einsätze auch als Projekte an, nämlich
dann, wenn ein Gestaltungsrahmen dazu skizziert ist. In einem projektbezogenen Einsatz können Arbeitslose, unter Berücksichtigung der Notwen-
digkeit, sich für Bewerbungen und Vorstellungsgespräche bereit zu halten,
möglicherweise durchaus auch bestimmte Fähigkeiten für eine Erwerbsar-
beit trainieren.

- Bildungsbegleitprogramm:
Wenn der BFD für jung und alt ein sozialer Lerndienst werden soll, dann
sollte auch ein passendes Bildungsbegleitprogramm konzipiert werden. Im
Ergebnis müsste jemand, der einen BFD bei der Caritas geleistet hat, am
Ende erheblich mehr wissen, als punktuelle Erfahrungen von Hilfebedarf
und Hilfe vor Ort, nämlich auch Antworten auf Fragen wie: Wie entsteht
Obdachlosigkeit, was ist „verdeckte Armut", was verursacht „Bildungs-
ferne" und wie wirkt sich diese aus? Welche Konsequenzen hat die Sozi-
alpolitik des Bundes, die eines Landes oder einer Kommune vor Ort?
Jüngere wie Ältere sind an diesen Fragen interessiert - es braucht aber
auch Orte, diese gründlich und verständlich zu diskutieren; für die einen
sind das Kamingespräche über die Winterzeit, für andere Teile von Seminaren.

- Anerkennung / Honorierung:
BFD-Freiwillige sollten zu innerbetrieblichen Mitarbeiterfestivitäten eingeladen werden (Weihnachtsfeier, Betriebsausflug, Sommerfest o.ä.), um
damit die in der Selbstverpflichtung gründende stärkere Zugehörigkeit zur
Dienstgemeinschaft zu unterstreichen. Ferner gilt es, weiterhin mit Nach-
druck darüber nachzudenken und diesbezüglich auch solide Grundlagen zu
schaffen, welche gesetzlich geregelte Form von Anerkennung besonders
auch für diejenigen gewährt werden kann, die in der nachberuflichen Le-
bensphase stehen; hier könnte man sich eine Anrechnungsform auf die
Rente und auch auf eine Pflegeversicherung vorstellen.

- Status der BFD-Freiwilligen: Abgrenzung: Freiwilligentätigkeit – berufliche Tätigkeit

Bei all diesen Überlegungen stellt sich zusätzlich natürlich immer wieder auch die Statusfrage: Sind BFD-Freiwillige Mitarbeiter und wenn ja, welche Rechte und Pflichten haben sie und wer vertritt ihre Interessen? Mit Blick auf die Klärung der Statusfrage ist Rechtsanwalt Ulrich Gruler zuzustimmen, der in seinem Statement in der Abschlussveranstaltung und im Fachtag für Beteiligte im GFD-Modellprogramm empfahl, jegliche Nähe zu vermeiden zwischen arbeitsrechtlicher Form der Weisungsgebundenheit beruflich Beschäftigter und der in freiwilliger Weise gewählten Selbstverpflichtung, Aufgaben zu erledigen.[31] Insbesondere sollten nicht dort, wo langjährig Hauptamtliche beschäftigt waren, BFD-Freiwillige genau die Aufgaben übernehmen, die nicht mehr vorhandene Berufliche als zu erledigend zurückgelassen haben. Der BFD darf keine dauerhafte betriebliche Verlässlichkeit begründen.

Wenn hinreichend klar ist, dass Rolle und Aufgaben der BFD-Freiwilligen sich von denen der Hauptamtlichen unterscheiden, dann treten Ängste von Hauptamtlichen, Freiwillige könnten sie aus ihrem Arbeitsplatz verdrängen, in den Hintergrund; auch Freiwillige haben dann nicht das Gefühl, sie seien der „Spargroschen" des Verbands. Wege, die ein selbstverständliches Miteinander von Hauptamtlichen und Ehrenamtlichen, gerade auch von Hauptamtlichen und BFD-Freiwilligen pflegen, sind weiter zu suchen und bestehende auszubauen. Für die Zukunft wäre hilfreich, wenn dazu eine rechtliche Struktur gefunden werden könnte. Die AVR bezieht sich auf Arbeitnehmer bzw. Dienstnehmer im arbeitsrechtlichen Sinne; weder behandelt sie, noch regelt sie den Bereich mit Freiwilligen; von dieser Problematik wird aber durchaus die MAVO tangiert.

- Nachhaltigkeit:

Was mit dem Wegfall des Zivildienstes gesellschaftlich bislang nicht bedacht worden ist: Derzeit trifft man bei unterschiedlichen Gesprächen immer wieder auf Leute, die ihre Erfahrungen im Zivildienst gemacht haben und daher eine „Sensibilität für soziale Nöte" haben. In der Hochphase des Zivildienstes haben jährlich 150.000 junge Männer diesen Dienst geleistet, zuletzt waren es 90.000. Jedenfalls ist in Zukunft davon

---

[31] Das Statement ging zurück auf den Workshop Recht, der im Mai 2007 als Fachtag für die Beteiligten im GFD-Modellprogramm vom DCV/ Referat Gemeindecaritas und Engagementförderung durchgeführt wurde; vgl. Ulrich Gruler, Arbeitsrechtliche Beurteilung des GFD unter besonderer Berücksichtigung der „Richtlinien für Arbeitsverträge in den Einrichtungen des Deutschen Caritasverbandes" (AVR) und der „Mitarbeitervertretungsordnung" (MAVO), in: Eugen Baldas/ Rainer A. Roth/ Helmut Schwalb (Hrsg.), Talente einsetzen – Solidarität stiften, a.a.O., S. 290ff.

auszugehen, dass diese Nachhaltigkeit der Erfahrung aus dem Zivildienst nicht mehr breit vorhanden sein wird. Ob Ähnliches in dieser gesellschaftlichen Weite über die Freiwilligendienste gelingen kann, hängt nicht zuletzt auch davon ab, wie viele junge Leute einen Freiwilligendienst wählen.

Wer einen BFD in einer Einrichtung geleistet hat, könnte künftig „lose" weiter von der Einrichtung oder dem Träger Informationen erhalten, zu Festen eingeladen werden und für Unterstützung, besonders im Kontext politischer Lobbyarbeit, angefragt werden. Möglicherweise ergibt sich auch eine Bereitschaft für finanzielle Hilfen, bei erkennbarem Bedarf.

Zum Schluss

Zur vernünftigen Realisierung des BFDs braucht es ein Gesamtkonzept des örtlichen Trägers, der BFDler in diese Problembereiche und andere Formen von Freiwilligendiensten, Minijobs sowie in die Zusammenarbeit mit Haupt- und Ehrenamtlichen insgesamt einbindet. Möglicherweise wird man nicht darum herum kommen, in empirischen Studien in Erfahrung zu bringen, was junge Leute bewegen kann einen BFD zu leisten, oder ein Projekt zu starten, bei dem offene, aber auch noch verdeckte und z.T erst im späteren Verlauf auftretende Fragen angesprochen und gezielt angegangen werden.

In Kenntnis der Gutachten, welche die Enquetekommission „Zukunft des bürgerschaftlichen Engagements" in Auftrag gegeben hatte, empfiehlt Rainer A. Roth in seinen „Konsequenzen für die Wohlfahrtsverbände" u.a., eine „Wertorientierte Qualitätsentwicklung".[32] Ein Engagementprofil, das auf klaren Werten beruht, ist eine wichtige Voraussetzung, um für freiwillig Engagierte attraktiv zu sein. Qualitätsentwicklung und Öffentlichkeitsarbeit in diesem Bereich sind angezeigt. Die Profilschärfung aus christlicher Verantwortung klar in den Vordergrund zu stellen, empfehlen auch Adalbert Evers und Birgit Riedel, die im Auftrag des DCV ein Gutachten zum Verbund Freiwilligen-Zentren erstellt haben. Das Spektrum der über Freiwilligen-Zentren und GFD-Beratungsstellen akquirierten Freiwilligen-Einsätze belegt eindrucksvoll die Feststellung der Gutachter: „An der Schwelle zwischen dem Raum des katholischen Gemeindelebens sowie der Welt der Caritas und der lokalen Öffentlichkeit der Bürgergesellschaft stehend, haben die Freiwilligen-Zentren eine spezifische Aufga-

---

[32] Rainer A. Roth: Als Solidaritätsstifter unentbehrlich. Beitrag der Wohlfahrtsverbände zur Förderung von Bürgerengagement und Aufbau der Zivilgesellschaft, Freiburg 2002, S. 127ff.

be. Nimmt man sie ernst, dann ergibt sich ein eigenes Profil und es bedarf dann auch eigener Kommunikations- und Verbundsformen."[33]

Die Einrichtungen, die bislang überwiegend Jugendfreiwilligendienste als Lern- und Orientierungsdienste angeboten haben, werden sich umstellen müssen, wenn sie das Potenzial der älteren Generationen in Form von Solidardiensten aktiv nutzen wollen, was zu empfehlen ist.

„Wer neue Wege gehen will, der muss den gewohnten einfachen Weg verlassen. Wer die eingefahrenen Wege nicht verlässt, beraubt sich der Chance, neue Ziele zu erreichen."[34] In diesem Sinne lohnt sich die Einführung des BFD; wichtig ist aber auch, ihn attraktiv und innovativ zu gestalten. Anstelle einer „mechanischen" Besetzung ehemaliger Zivi-Stellen mit BFDlern, kann der Neuanfang als neuer Schub für einen weiteren Aufbau von Zivilgesellschaft genutzt werden.

---

[33] Adalbert Evers/ Birgit Riedl: Engagementförderung mit eigenem Profil. Der Verbund Freiwilligen-Zentren im Deutschen Caritasverband, Gutachten 2004, in: Maria Herting/ Wolfgang Krell/ Eugen Baldas/ Rainer A. Roth (Hrsg.): Freiwilligen-Zentren, Ferment einer solidarischen Gesellschaft, Freiburg 2007, S. 312ff.
[34] Gerd Hoofe, Freiwilliges Engagement ist gelebtes Miteinander in einer starken und lebendigen Zivilgesellschaft, in: Eugen Baldas/ Rainer A. Roth/ Helmut Schwalb (Hrsg.), Talente einsetzen – Solidarität stiften, a.a.O., S. 21.

3. Stellungnahme des Deutschen Caritasverbandes vom 29. November 2010

Grundsätzliche Bewertung

Mit dem vorliegenden Gesetzentwurf reagiert die Bundesregierung auf die Konsequenzen, die eine faktische Aussetzung der Wehrpflicht für den Zivildienst als Wehrersatzdienst nach Artikel 12a Absatz 2 Grundgesetz hat. Insbesondere die daraus folgenden Auswirkungen auf die Engagementmöglichkeiten junger Männer und ihre Sozialisation sowie auf die soziale Infrastruktur haben die Bundesregierung veranlasst, die Einführung eines Bundesfreiwilligendienstes (BFD) zu beschließen.

Zur Erreichung der o. a. Ziele wäre nach Auffassung des Deutschen Caritasverbandes der Ausbau der bestehenden Jugendfreiwilligendienste die prioritäre Option gewesen. Die Bundesregierung hat jedoch unter Hinweis auf finanz- und verfassungsrechtliche Bestimmungen dargelegt, dass der Transfer der bisher im Zivildienst eingesetzten Bundesmittel in die Jugendfreiwilligendienste so nicht umsetzbar sei. Der Deutsche Caritasverband wird an der Gestaltung des neuen Bundesfreiwilligendienstes konstruktiv mitwirken, um Möglichkeiten zum Engagement für junge Menschen zu erhalten. Er verbindet dies mit der Erwartung, dass den freien Trägern ein möglichst großer Gestaltungsspielraum eröffnet wird, der aus Gründen der Subsidiarität mit einem Freiwilligendienst verbunden sein muss. Die Aufgabe des Bundes im Zusammenhang mit dem Bundesfreiwilligendienst sehen wir darin, geeignete Rahmenbedingungen für diese Form des Engagements zu schaffen, die inhaltliche Gestaltung im gesetzten Rahmen aber den Trägern der Zivilgesellschaft zu überlassen.

Der Deutsche Caritasverband hatte bei Bekanntwerden der Überlegungen des BMFSFJ zu der jetzt zu beschließenden Dienstform seine Befürchtung geäußert, dass die bestehenden und bewährten Jugendfreiwilligendienste verdrängt werden könnten. Deshalb begrüßen wir die auch mit diesem Gesetzentwurf verbundene Absicht des Bundes, die Förderpauschalen im FSJ und im FÖJ deutlich anzuheben. Diese Maßnahme kann nicht nur zu einer Aufwertung der bestehenden Jugendfreiwilligendienste führen. Sie ist auch geeignet, negativen Auswirkungen für die Jugendfreiwilligendienste durch den künftigen Wettbewerb mit dem Bundesfreiwilligendienst zumindest deutlich zu vermindern.

Der Deutsche Caritasverband begrüßt ausdrücklich, dass der Bundesfreiwilligendienst für Jüngere und Ältere zugangsoffen ist. Damit berücksichtigt die Bundesregierung nicht nur die prognostizierten demografischen Veränderungen. Sie setzt gleichzeitig ein deutliches Signal in die Zivilgesellschaft, dass bei der Stärkung des Bürgerschaftlichen Engagements alle Altersgruppen gleichermaßen angesprochen werden. Aufbauend auf den guten Erfahrungen, die der Deutsche Caritasverband mit der Durchführung des Modellprogramms „Generationsübergreifende Freiwilligendienste„ gemacht hat, werden wir in der aktiven Beteiligung in Organisation und Durchführung des Bundesfreiwilligendienstes, nicht zuletzt durch unsere Bereitschaft, im neuen Dienst eine Zentralstellenfunktion zu übernehmen, einen Schwerpunkt setzen.

Zu den Änderungen im Einzelnen

a. Artikel 2 Gesetz über den Bundesfreiwilligendienst (Bundesfreiwilligendienstgesetz – BFDG)

§ 1 Aufgaben des Bundesfreiwilligendienstes

Gesetzentwurf:
In § 1 ist das Prinzip des lebenslangen Lernens formuliert. Dabei wird zwischen jüngeren und älteren Freiwilligen differenziert.
Bewertung:
Die Differenzierung zwischen den Anliegen und Bedürfnissen jüngerer und älterer Freiwilliger ist erforderlich. Jugendspezifisch stehen selbstverständlich der Erwerb sowie die Vertiefung der persönlichen und sozialen Kompetenzen im Vordergrund. Bei Älteren geht es tatsächlich mehr um das Einbringen von Lebens- und Berufserfahrung. In der gegenwärtigen Fassung von § 1 bleibt jedoch unberücksichtigt, dass auch bei Älteren Erwerb und Vertiefung sozialer Kompetenzen eine Rolle spielen kann und ggf. auch muss. Gleichzeitig haben auch Jüngere bereits eigene Lebenserfahrung in den Dienst einzubringen.
Lösungsvorschlag:
§ 1 Satz 3 wird wie folgt gefasst: „Jüngere Freiwillige erwerben und vertiefen dabei insbesondere ihre persönlichen und sozialen Kompetenzen, ältere bringen dagegen insbesondere ihre eigene Lebens- und Berufserfahrung ein."

§ 2 Freiwillige

Gesetzentwurf:
§ 2 Ziffer 2. regelt, dass der Bundesfreiwilligendienst vergleichbar einer Voll- oder Teilzeitbeschäftigung von mehr als 20 Stunden pro Woche zu leisten ist.

Bewertung:

Die Möglichkeit, einen Bundesfreiwilligendienst auch in Teilzeitbeschäftigung ableisten zu können, kommt insbesondere der individuellen Lebens- und Zeitgestaltung Älterer entgegen. Dies wird von uns im Sinne des generationsoffenen Ansatzes des Bundesfreiwilligendienstes ausdrücklich begrüßt. Im Rahmen dieses Gesetzes halten wir es nicht für sinnvoll, die Mindeststundenzahl weiter nach unten zu setzen. Wir bitten den Gesetzgeber jedoch ausdrücklich, im Rahmen künftiger Gesetzesinitiativen, z.B. im Rahmen eines Freiwilligendienstestatusgesetzes, das Engagement von Personen, die weniger als 20 Stunden pro Woche leisten, verbindlich und angemessen zu regeln.

Gesetzentwurf:

§ 2 Ziffer 4. benennt die Leistungen an Freiwillige.

Bewertung:

Die dort vorgenommene Formulierung zur Inanspruchnahme von Leistungen ist missverständlich.

Lösungsvorschlag:

Nach den Worten „… Geldersatzleistungen erhalten" wird das Wort „können" eingefügt.

§ 4 Pädagogische Begleitung

Gesetzentwurf:

In § 4 BFDG wird durch die Verpflichtung der Freiwilligen zur Teilnahme an 25 Seminartagen der Bildungscharakter des Bundesfreiwilligendienstes betont.

Bewertung:

Wie auch bei den Jugendfreiwilligendiensten schreibt der Gesetzgeber im Bundesfreiwilligendienst 25 Seminartage bezogen auf eine zwölfmonatige Teilnahme verpflichtend für alle Freiwilligen vor. Dadurch sichert der Gesetzgeber, dass sich Bundesfreiwilligendienst und Jugendfreiwilligendienste im Wesentlichen angleichen. Eine zeitliche Vorgabe ist lediglich bei den Seminaren zur politischen Bildung vorgesehen, die grundsätzlich fünftägig stattfinden. Über die zeitliche Dauer und Verteilung der verbleibenden 20 Seminartage ist im Gesetzentwurf keine weitere Regelung enthalten. Diese Organisations- und Gestaltungsfreiheit wird vom Deutschen Caritasverband ausdrücklich positiv bewertet. Damit ist den Zentralstellen mit den ihnen angeschlossenen Trägern und Einrichtungen die erforderliche Flexibilität bei der Konzeption, Organisation und Durchführung dieser Seminartage eingeräumt. Äußerst kritisch sieht der Deutsche Caritasverband dagegen, dass keine Differenzierung bei der verpflichtenden Teilnahme zwischen jüngeren und älteren Freiwilligen vorgenommen wurde.

So ist insbesondere die Verpflichtung zur Teilnahme an einem Seminar zur politischen Bildung zu hinterfragen. Unabhängig vom individuellen politischen Bildungsbedarf Älterer ist es zudem nur schwer vorstellbar, wie ältere Freiwillige unter den jetzigen Unterbringungsstandards motiviert werden könnten, an einem fünftägigen Seminar zur politischen Bildung an einer staatlichen Zivildienstschule teilzunehmen. Einem zwischen den Generationen differenziert zu betrachtenden Bildungsverständnis kommt eine Schlüsselfunktion zu wenn es darum geht, den Bundesfreiwilligendienst auch für Ältere attraktiv zu gestalten. Ansonsten sehen wir die große Gefahr, dass der generationsoffene Anspruch des BFDG nicht erfüllt werden kann.

Lösungsvorschlag:

In § 4 wird ein Absatz eingefügt, der den individuellen Bildungsinteressen und Lebensgewohnheiten Älterer gerecht wird. Dabei ist insbesondere die in § 1 BFDG aufgenommene Annahme zu berücksichtigen, dass ältere Freiwillige ihre eigene Lebens- und Berufserfahrung einbringen. Um diesen besonderen Anliegen und Gesichtspunkten Älterer zu entsprechen, sind Seminarangebote zu entwickeln, die sowohl in Methodik, Didaktik und Dauer in geeigneter Weise auf deren Bedürfnisse zugeschnitten sind. In diesem Kontext ist auch zu regeln, wie ältere Freiwillige gerade durch die von ihnen einzubringende Lebens- und Berufserfahrung selbst Wissen in Seminaren vermitteln können, anstatt sie als ausschließlich und einseitig als Bildungsempfänger zu betrachten. Der DCV empfiehlt, Formulierungen zu wählen, die die notwendige Differenzierung zulassen.

Gesetzentwurf:

In § 4 Abs. 3 ist vorgesehen, dass sich bei einem länger als zwölf Monate dauernden Dienst die Zahl der Seminartage um mindestens einen Tag je Monat der Verlängerung erhöht. Bei einem kürzeren Dienst als zwölf Monate verringert sich die Zahl der Seminartage entsprechend um einen Tag je Monat.

Bewertung:

Die vorgesehene Erhöhung der Seminartage bei einem länger als zwölf Monate dauernden Dienst wird begrüßt. Die vorgesehene Reduzierung der Seminartage bei einem kürzeren als zwölf Monate dauernden Dienst fällt unverhältnismäßig niedrig aus. Während bei einer Regeldienstdauer von zwölf Monaten 25 Seminartage vorgeschrieben sind, würden bei einer sechsmonatigen Dienstdauer immer noch 19 Seminartage verbindlich vorgeschrieben sein.

Lösungsvorschlag:
Bei § 4 Abs. 3 wird in Analogie zu den Jugendfreiwilligendiensten der dort geltende Standard (15 Tage bei sechsmonatiger Dienstdauer) zur Anwendung gebracht.

§ 5 Erfüllung der Wehrpflicht

Gesetzentwurf:
Die Vorschriften in § 5 regeln die Erfüllung der Wehrpflicht durch alternative Dienstformen. Dabei ist in Abs. 3 der Andere Dienst im Ausland (bislang § 14b ZDG) ausdrücklich genannt.

Bewertung:
Wir begrüßen es sehr, dass die Ableistung eines mindestens sechsmonatigen Dienstes im Ausland, der das friedliche Zusammenleben der Völker fördern will, als Erfüllung der Wehrpflicht betrachtet wird. Damit kann gewährleistet werden, dass die positiven Wirkungen, die durch den Anderen Dienst im Ausland bislang erzielt werden konnten, auch weiterhin möglich sind.

§ 6 Sozialversicherung und Förderung

Gesetzentwurf:
Gem. § 6 Abs. 1 finden auf den Bundesfreiwilligendienst die sozialversicherungsrechtlichen Bestimmungen entsprechende Anwendung, die für die Jugendfreiwilligendienste nach dem Jugendfreiwilligendienstegesetz gelten.

Bewertung:
Diese Regelung mag für jüngere Freiwillige adäquat und sinnvoll sein. Mit Blick auf ältere Freiwillige, insbesondere wenn sie sich noch in einem sozialversicherungspflichtigen Beschäftigungsverhältnis befinden (beispielsweise in (Alters-)Teilzeit), ist hinreichend zu prüfen, ob diese Regelung mit der individuellen beruflichen Situation vereinbar ist.

Lösungsvorschlag:
Abhängig vom Ausgang der angeregten Prüfung ist § 6 um eine entsprechende Passage zu ändern bzw. zu ergänzen.

§ 7 Einsatzstellen

Gesetzentwurf:
In § 7 Abs. 1 ist geregelt, dass die Anerkennung von Beschäftigungsstellen von der zuständigen Bundesbehörde vorgenommen wird.

Bewertung:

Diese Regelung entspricht der bisherigen Praxis im Zivildienstgesetz. Die Praxis bei den Jugendfreiwilligendiensten hat gezeigt, dass die Anerkennung von Beschäftigungsstellen von den Trägern wahrgenommen werden kann. Im Sinne der Subsidiarität und zur Vermeidung eines unnötigen Verwaltungsaufwands sollte die im Bundesfreiwilligendienst anerkannten Zentralstellen bzw. die ihnen angeschlossenen Träger die Anerkennung der Einrichtungen eigenverantwortlich selbst durchführen. Dazu können von der zuständigen Bundesbehörde ggf. Richtlinien erlassen werden.

Lösungsvorschlag:

§ 7 Abs. 2 wird wie folgt gefasst: „Eine Einsatzstelle kann auf ihren Antrag von der für sie zuständigen Zentralstelle anerkannt werden. Die zuständige Bundesbehörde kann Mindestanforderungen für die Anerkennung von Einsatzstellen erlassen."

§ 8 Zentralstellen

Gesetzentwurf:

Zur verlässlichen und strukturierten Durchführung des Bundesfreiwilligendienstes sieht der Gesetzentwurf die Bildung von Zentralstellen vor. Diese tragen gemäß § 8 Abs. 1 dafür Sorge, „dass die ihnen angehörenden Träger und Einsatzstellen ordnungsgemäß an der Durchführung des Bundesfreiwilligendienstes mitwirken." Die weitere Gestaltung, insbesondere das Verhältnis zwischen Zentralstellen, Trägern und Einsatzstellen wird im Gesetz nicht festgelegt.

Bewertung:

Die Bildung von Zentralstellen entspricht der bewährten Praxis bei der Organisation und Durchführung des Zivildienstes. Das Gesetz lässt Gestaltungsspielraum für subsidiäre Lösungen. Dabei ist aus ordnungspolitischen Gründen den Zentralstellen ein möglichst großer Gestaltungsspielraum einzuräumen.

§ 15 Beirat für den Bundesfreiwilligendienst

Gesetzentwurf:

§ 15 Abs. 2 regelt die Besetzung des Beirats.

Bewertung:

Die Bildung eines Beirates nach dem Vorbild des Beirats für den Zivildienst unter Einbeziehung von Freiwilligen wird begrüßt. Die Regelung zu § 15 Abs. 2 Ziffer 1. nennt eine absolute Zahl ohne Möglichkeit der Abweichung nach unten.

Lösungsvorschlag:

Bei § 15 Abs. 2 Ziffer 1. werden dem Wort „sieben" die Worte „bis zu" vorangestellt.

§ 17 Kosten i. V. m. § 2 Freiwillige

Im Rahmen der Vorstellung des Gesetzentwurfes vor der Presse ist der Eindruck entstanden, dass Freiwillige in Ost und West unterschiedlich hohen Taschengeldzahlungen unterliegen. Wir begrüßen daher ausdrücklich das inzwischen vom BMFSFJ bekundete Bemühen, einheitliche Konditionen für Freiwillige in Ost und West festzulegen. Die angestrebte Gleichbehandlung ist auch auf die Bestimmungen für die Jugendfreiwilligendienste zu übertragen.

b. Artikel 4 Änderung des Siebten Buches Sozialgesetzbuch (Gesetzliche Unfallversicherung)

Gesetzentwurf:

Im Siebten Buch Sozialgesetzbuch sollen § 2 Abs. 3 Ziffer 2, § 67 Abs. 3 Satz 1 Nr. 2 Buchstabe c sowie § 82 Abs. 2 Satz 2 dahingehend geändert werden, dass bestimmte Dienstformen konkret benannt werden.

Bewertung:

Es fällt auf, dass sich der Begriff „Bundesfreiwilligendienst" nicht unter den genannten Dienstformen befindet. Deshalb stellt sich die Frage, ob und ggf. warum Freiwillige im Rahmen des Bundesfreiwilligendienstes von den Bestimmungen des Siebten Buches Sozialgesetzbuch ausgenommen sind oder ob die Nichterwähnung ein redaktionelles Versäumnis ist.

II. Bundesfreiwilligendienstgesetz

1. BFDG - Gesetzestext

§ 1 Aufgaben des Bundesfreiwilligendienstes

Im Bundesfreiwilligendienst engagieren sich Frauen und Männer für das Allgemeinwohl, insbesondere im sozialen, ökologischen und kulturellen Bereich sowie im Bereich des Sports, der Integration und des Zivil- und Katastrophenschutzes. Der Bundesfreiwilligendienst fördert das lebenslange Lernen.

§ 2 Freiwillige

Freiwillige im Sinne dieses Gesetzes sind Personen, die
1. die Vollzeitschulpflicht erfüllt haben,
2. einen freiwilligen Dienst ohne Erwerbsabsicht, außerhalb einer Berufsausbildung und vergleichbar einer Vollzeitbeschäftigung, oder, sofern sie das 27. Lebensjahr vollendet haben, auch vergleichbar einer Voll- oder Teilzeitbeschäftigung von mehr als 20 Stunden pro Woche leisten,
3. sich auf Grund einer Vereinbarung nach § 8 zur Leistung eines Bundesfreiwilligendienstes für eine Zeit von mindestens sechs Monaten und höchstens 24 Monaten verpflichtet haben, und
4. für den Dienst nur unentgeltliche Unterkunft, Verpflegung und Arbeitskleidung sowie ein angemessenes Taschengeld oder anstelle von Unterkunft, Verpflegung und Arbeitskleidung entsprechende Geldersatzleistungen erhalten dürfen; ein Taschengeld ist dann angemessen, wenn es
   a) sechs Prozent der in der allgemeinen Rentenversicherung geltenden Beitragsbemessungsgrenze (§ 159 des Sechsten Buches Sozialgesetzbuch) nicht übersteigt,
   b) dem Taschengeld anderer Personen entspricht, die einen Jugendfreiwilligendienst nach dem Jugendfreiwilligendienstegesetz leisten und eine vergleichbare Tätigkeit in derselben Einsatzstelle ausüben,
   c) bei einem Dienst vergleichbar einer Teilzeitbeschäftigung anteilig gekürzt ist und
   d) für Freiwillige, die das 25. Lebensjahr noch nicht vollendet haben und für die kein Anspruch auf einen Freibetrag nach § 32 Absatz 6 des Einkommensteuergesetzes oder Kindergeld besteht, erhöht ist.

§ 3 Einsatzbereiche, Dauer

(1) Der Bundesfreiwilligendienst wird in der Regel ganztägig als überwiegend praktische Hilfstätigkeit in gemeinwohlorientierten Einrichtungen geleistet, insbesondere in Einrichtungen der Kinder- und Jugendhilfe, einschließlich der Einrichtungen für außerschulische Jugendbildung und für Jugendarbeit, in Einrichtungen der Wohlfahrts-, Gesundheits- und Altenpflege, der Behindertenhilfe, der Kultur und Denkmalpflege, des Sports, der Integration, des Zivil- und Katastrophenschutzes und in Einrichtungen, die im Bereich des Umweltschutzes einschließlich des Naturschutzes und der Bildung zur Nachhaltigkeit tätig sind. Der Bundesfreiwilligendienst ist arbeitsmarktneutral auszugestalten.

(2) Der Bundesfreiwilligendienst wird in der Regel für eine Dauer von zwölf zusammenhängenden Monaten geleistet. Der Dienst dauert mindestens sechs Monate und höchstens 18 Monate. Er kann ausnahmsweise bis zu einer Dauer von 24 Monaten verlängert werden, wenn dies im Rahmen eines besonderen pädagogischen Konzepts begründet ist. Im Rahmen eines pädagogischen Gesamtkonzepts ist auch eine Ableistung in zeitlich getrennten Abschnitten möglich, wenn ein Abschnitt mindestens drei Monate dauert. Die Gesamtdauer aller Abschnitte sowie mehrerer geleisteter Bundesfreiwilligendienste darf bis zum 27. Lebensjahr die zulässige Gesamtdauer nach den Sätzen 2 und 3 nicht überschreiten, danach müssen zwischen jedem Ableisten der nach den Sätzen 2 und 3 zulässigen Gesamtdauer fünf Jahre liegen; auf das Ableisten der Gesamtdauer ist ein Jugendfreiwilligendienst nach dem Jugendfreiwilligendienstegesetz anzurechnen.

§ 4 Pädagogische Begleitung

(1) Der Bundesfreiwilligendienst wird pädagogisch begleitet mit dem Ziel, soziale, ökologische, kulturelle und interkulturelle Kompetenzen zu vermitteln und das Verantwortungsbewusstsein für das Gemeinwohl zu stärken.

(2) Die Freiwilligen erhalten von den Einsatzstellen fachliche Anleitung.

(3) Während des Bundesfreiwilligendienstes finden Seminare statt, für die Teilnahmepflicht besteht. Die Seminarzeit gilt als Dienstzeit. Die Gesamtdauer der Seminare beträgt bei einer zwölfmonatigen Teilnahme am Bundesfreiwilligendienst mindestens 25 Tage; Freiwillige, die das 27. Lebensjahr vollendet haben, nehmen in angemessenem Umfang an den Seminaren teil. Wird ein Dienst über den Zeitraum von zwölf Monaten hinaus vereinbart oder verlängert, erhöht sich die Zahl der Seminartage für jeden weiteren Monat um mindestens einen Tag. Bei einem kürzeren Dienst als zwölf Monate verringert sich die Zahl der Seminartage für jeden Monat um zwei Tage. Die Freiwilligen wirken an der inhaltlichen Gestaltung und

der Durchführung der Seminare mit.

(4) Die Freiwilligen nehmen im Rahmen der Seminare nach Absatz 3 an einem fünftägigen Seminar zur politischen Bildung teil. In diesem Seminar darf die Behandlung politischer Fragen nicht auf die Darlegung einer einseitigen Meinung beschränkt werden. Das Gesamtbild des Unterrichts ist so zu gestalten, dass die Dienstleistenden nicht zugunsten oder zuungunsten einer bestimmten politischen Richtung beeinflusst werden.

(5) Die Seminare, insbesondere das Seminar zur politischen Bildung, können gemeinsam für Freiwillige und Personen, die Jugendfreiwilligendienste oder freiwilligen Wehrdienst leisten, durchgeführt werden.

§ 5 Anderer Dienst im Ausland

Die bestehenden Anerkennungen sowie die Möglichkeit neuer Anerkennungen von Trägern, Vorhaben und Einsatzplänen des Anderen Dienstes im Ausland nach § 14b Absatz 3 des Zivildienstgesetzes bleiben unberührt.

§ 6 Einsatzstellen

(1) Die Freiwilligen leisten den Bundesfreiwilligendienst in einer dafür anerkannten Einsatzstelle.

(2) Eine Einsatzstelle kann auf ihren Antrag von der zuständigen Bundesbehörde anerkannt werden, wenn sie

1. Aufgaben insbesondere in Einrichtungen der Kinder- und Jugendhilfe, einschließlich der Einrichtungen für außerschulische Jugendbildung und für Jugendarbeit, in Einrichtungen der Wohlfahrts-, Gesundheits- und Altenpflege, der Behindertenhilfe, der Kultur und Denkmalpflege, des Sports, der Integration, des Zivil- und Katastrophenschutzes und in Einrichtungen, die im Bereich des Umweltschutzes einschließlich des Naturschutzes tätig sind, wahrnimmt,

2. die Gewähr bietet, dass Beschäftigung, Leitung und Betreuung der Freiwilligen den Bestimmungen dieses Gesetzes entsprechen, sowie

3. die Freiwilligen persönlich und fachlich begleitet und für deren Leitung und Betreuung qualifiziertes Personal einsetzt.

Die Anerkennung wird für bestimmte Plätze ausgesprochen. Sie kann mit Auflagen verbunden werden.

(3) Die am 1. April 2011 nach § 4 des Zivildienstgesetzes anerkannten Beschäftigungsstellen und Dienstplätze des Zivildienstes gelten als anerkannte Einsatzstellen und -plätze nach Absatz 2.

(4) Die Anerkennung ist zurückzunehmen oder zu widerrufen, wenn eine der in Absatz 2 genannten Voraussetzungen nicht vorgelegen hat oder nicht mehr vorliegt. Sie kann auch aus anderen wichtigen Gründen wider-

rufen werden, insbesondere, wenn eine Auflage nicht oder nicht innerhalb der gesetzten Frist erfüllt worden ist.

(5) Die Einsatzstelle kann mit der Erfüllung von gesetzlichen oder sich aus der Vereinbarung ergebenden Aufgaben mit deren Einverständnis einen Träger oder eine Zentralstelle beauftragen. Dies ist im Vorschlag nach § 8 Absatz 1 festzuhalten.

§ 7 Zentralstellen

(1) Träger und Einsatzstellen können Zentralstellen bilden. Die Zentralstellen tragen dafür Sorge, dass die ihnen angehörenden Träger und Einsatzstellen ordnungsgemäß an der Durchführung des Bundesfreiwilligendienstes mitwirken. Das Bundesministerium für Familie, Senioren, Frauen und Jugend bestimmt durch Rechtsverordnung, die nicht der Zustimmung des Bundesrats bedarf, Mindestanforderungen für die Bildung einer Zentralstelle, insbesondere hinsichtlich der für die Bildung einer Zentralstelle erforderlichen Zahl, Größe und geografischen Verteilung der Einsatzstellen und Träger.

(2) Für Einsatzstellen und Träger, die keinem bundeszentralen Träger angehören, richtet die zuständige Bundesbehörde auf deren Wunsch eine eigene Zentralstelle ein.

(3) Jede Einsatzstelle ordnet sich einer oder mehrerer Zentralstellen zu.

(4) Die Zentralstellen können den ihnen angeschlossenen Einsatzstellen Auflagen erteilen, insbesondere zum Anschluss an einen Träger sowie zur Gestaltung und Organisation der pädagogischen Begleitung der Freiwilligen.

(5) Die zuständige Behörde teilt den Zentralstellen nach Inkrafttreten des jährlichen Haushaltsgesetzes bis möglichst zum 31. Januar eines jeden Jahres mit, wie viele Plätze im Bereich der Zuständigkeit der jeweiligen Zentralstelle ab August des Jahres besetzt werden können. Die Zentralstellen nehmen die regional angemessene Verteilung dieser Plätze auf die ihnen zugeordneten Träger und Einsatzstellen in eigener Verantwortung vor. Sie können die Zuteilung von Plätzen mit Auflagen verbinden.

§ 8 Vereinbarung

Der Bund und die oder der Freiwillige schließen vor Beginn des Bundesfreiwilligendienstes auf gemeinsamen Vorschlag der oder des Freiwilligen und der Einsatzstelle eine schriftliche Vereinbarung ab. Die Vereinbarung muss enthalten:

1. Vor- und Familienname, Geburtstag und Anschrift der oder des Freiwilligen, bei Minderjährigen die Anschrift der Erziehungsberechtigten sowie die Einwilligung des gesetzlichen Vertreters,

2. die Angabe, ob für die Freiwillige oder den Freiwilligen ein Anspruch auf einen Freibetrag nach § 32 Absatz 6 des Einkommensteuergesetzes oder Kindergeld besteht,

3. die Bezeichnung der Einsatzstelle und, sofern diese einem Träger angehört, die Bezeichnung des Trägers,

4. die Angabe des Zeitraumes, für den die oder der Freiwillige sich zum Bundesfreiwilligendienst verpflichtet, sowie eine Regelung zur vorzeitigen Beendigung des Dienstverhältnisses,

5. den Hinweis, dass die Bestimmungen dieses Gesetzes während der Durchführung des Bundesfreiwilligendienstes einzuhalten sind,

6. Angaben zur Art und Höhe der Geld- und Sachleistungen sowie

7. die Angabe der Anzahl der Urlaubstage und der Seminartage.

(2) Die Einsatzstelle kann mit der Erfüllung von gesetzlichen oder sich aus der Vereinbarung ergebenden Aufgaben einen Träger oder eine Zentralstelle beauftragen. Dies ist im Vorschlag nach Absatz 1 festzuhalten.

(3) Die Einsatzstelle legt den Vorschlag in Absprache mit der Zentralstelle, der sie angeschlossen ist, der zuständigen Bundesbehörde vor. Die Zentralstelle stellt sicher, dass ein besetzbarer Platz nach § 7 Absatz 5 zur Verfügung steht. Die zuständige Bundesbehörde unterrichtet die Freiwillige oder den Freiwilligen sowie die Einsatzstelle, gegebenenfalls den Träger und die Zentralstelle, über den Abschluss der Vereinbarung oder teilt ihnen die Gründe mit, die dem Abschluss einer Vereinbarung entgegenstehen.

§ 9 Haftung

(1) Für Schäden, die die oder der Freiwillige vorsätzlich oder fahrlässig herbeigeführt hat, haftet der Bund, wenn die schädigende Handlung auf sein Verlangen vorgenommen worden ist. Insoweit kann die oder der Freiwillige verlangen, dass der Bund sie oder ihn von Schadensersatzansprüchen der oder des Geschädigten freistellt.

(2) Für Schäden bei der Ausübung ihrer Tätigkeit haften Freiwillige nur wie Arbeitnehmerinnen und Arbeitnehmer.

§ 10 Beteiligung der Freiwilligen

Die Freiwilligen wählen Sprecherinnen und Sprecher, die ihre Interessen gegenüber den Einsatzstellen, Trägern, Zentralstellen und der zuständigen Bundesbehörde vertreten. Das Bundesministerium für Familie, Senioren, Frauen und Jugend regelt die Einzelheiten zum Wahlverfahren durch Rechtsverordnung, die nicht der Zustimmung des Bundesrats bedarf.

§ 11 Bescheinigung, Zeugnis

(1) Die Einsatzstelle stellt der oder dem Freiwilligen nach Abschluss des Dienstes eine Bescheinigung über den geleisteten Dienst aus. Eine Zweitausfertigung der Bescheinigung ist der zuständigen Bundesbehörde zuzuleiten.

(2) Bei Beendigung des freiwilligen Dienstes erhält die oder der Freiwillige von der Einsatzstelle ein schriftliches Zeugnis über die Art und Dauer des freiwilligen Dienstes. Das Zeugnis ist auf die Leistungen und die Führung während der Dienstzeit zu erstrecken. Dabei sind in das Zeugnis berufsqualifizierende Merkmale des Bundesfreiwilligendienstes aufzunehmen.

§ 12 Datenschutz

Die Einsatzstellen, Zentralstellen und Träger dürfen personenbezogene Daten nach § 8 Absatz 1 Satz 2 erheben, verarbeiten und nutzen, soweit dies für die Durchführung dieses Gesetzes erforderlich ist. Die Daten sind nach Abwicklung des Bundesfreiwilligendienstes zu löschen.

§ 13 Anwendung arbeitsrechtlicher, arbeitsschutzrechtlicher und sonstiger Bestimmungen

(1) Für eine Tätigkeit im Rahmen eines Bundesfreiwilligendienstes im Sinne dieses Gesetzes sind die Arbeitsschutzbestimmungen, das Jugendarbeitsschutzgesetz und das Bundesurlaubsgesetz entsprechend anzuwenden.

(2) Soweit keine ausdrückliche sozialversicherungsrechtliche Regelung vorhanden ist, finden auf den Bundesfreiwilligendienst die sozialversicherungsrechtlichen Bestimmungen entsprechende Anwendung, die für die Jugendfreiwilligendienste nach dem Jugendfreiwilligendienstegesetz gelten. Im Übrigen sind folgende Vorschriften entsprechend anzuwenden:

1.   § 3 der Sonderurlaubsverordnung,
2.   § 45 Absatz 3 Satz 1 Buchstabe c des Bundesversorgungsgesetzes,
3.   § 1 Absatz 1 Nummer 2 Buchstabe h der Verordnung über den Ausgleich gemeinwirtschaftlicher Leistungen im Straßenpersonenverkehr,
4.   § 1 Absatz 1 Nummer 2 Buchstabe h der Verordnung über den Ausgleich gemeinwirtschaftlicher Leistungen im Eisenbahnverkehr.

§ 14 Zuständige Bundesbehörde

(1) Dieses Gesetz wird, soweit es nichts anderes bestimmt, in bundeseigener Verwaltung ausgeführt. Die Durchführung wird dem Bundesamt für den Zivildienst als selbständiger Bundesoberbehörde übertragen, welche die Bezeichnung "Bundesamt für Familie und zivilgesellschaftliche Aufgaben" (Bundesamt) erhält und dem Bundesministerium für Familie, Seni-

oren, Frauen und Jugend untersteht.

(2) Dem Bundesamt können weitere Aufgaben übertragen werden.

§ 15 Beirat für den Bundesfreiwilligendienst

(1) Bei dem Bundesministerium für Familie, Senioren, Frauen und Jugend wird ein Beirat für den Bundesfreiwilligendienst gebildet. Der Beirat berät das Bundesministerium für Familie, Senioren, Frauen und Jugend in Fragen des Bundesfreiwilligendienstes.

(2) Dem Beirat gehören an:

1. bis zu sieben Bundessprecherinnen oder Bundessprecher der Freiwilligen,
2. bis zu sieben Vertreterinnen oder Vertreter der Zentralstellen,
3. je eine Vertreterin oder ein Vertreter der evangelischen Kirche und der katholischen Kirche,
4. je eine Vertreterin oder ein Vertreter der Gewerkschaften und der Arbeitgeberverbände,
5. vier Vertreterinnen oder Vertreter der Länder und
6. eine Vertreterin oder ein Vertreter der kommunalen Spitzenverbände.

(3) Das Bundesministerium für Familie, Senioren, Frauen und Jugend beruft die Mitglieder des Beirats in der Regel für die Dauer von vier Jahren. Die in Absatz 2 genannten Stellen sollen hierzu Vorschläge machen. Die Mitglieder nach Absatz 2 Nummer 1 sind für die Dauer ihrer Dienstzeit zu berufen. Für jedes Mitglied wird eine persönliche Stellvertretung berufen.

(4) Die Sitzungen des Beirats werden von der oder dem von der Bundesministerin oder dem Bundesminister für Familie, Senioren, Frauen und Jugend dafür benannten Vertreterin oder Vertreter einberufen und geleitet.

§ 16 Übertragung von Aufgaben

Die Einsatzstellen, Zentralstellen und Träger können mit ihrem Einverständnis mit der Wahrnehmung von Aufgaben beauftragt werden. Die hierdurch entstehenden Kosten können in angemessenem Umfang erstattet werden.

§ 17 Kosten

(1) Soweit die Freiwilligen Unterkunft, Verpflegung und Arbeitskleidung oder entsprechende Geldersatzleistungen erhalten, erbringen die Einsatzstellen diese Leistungen auf ihre Kosten für den Bund. Sie tragen die ihnen aus der Beschäftigung der Freiwilligen entstehenden Verwaltungskosten.

(2) Für den Bund zahlen die Einsatzstellen den Freiwilligen das Taschengeld, soweit ein Taschengeld vereinbart ist. Für die Einsatzstellen gelten

die Melde-, Beitragsnachweis und Zahlungspflichten des Sozialversicherungsrechts. Die Einsatzstellen tragen die Kosten der pädagogischen Begleitung der Freiwilligen.

(3) Den Einsatzstellen wird der Aufwand für das Taschengeld, die Sozialversicherungsbeiträge und die pädagogische Begleitung im Rahmen der im Haushaltsplan vorgesehenen Mittel erstattet; das Bundesministerium für Familie, Senioren, Frauen und Jugend legt im Einvernehmen mit dem Bundesministerium der Finanzen einheitliche Obergrenzen für die Erstattung fest. Der Zuschuss für den Aufwand für die pädagogische Begleitung wird nach den für das freiwillige soziale Jahr im Inland geltenden Richtlinien des Bundes festgesetzt.

2. Gesetzestext mit Begründung[35]

Artikel 1
Gesetz über den Bundesfreiwilligendienst (Bundesfreiwilligendienstgesetz -BFDG)

§ 1 Aufgaben des Bundesfreiwilligendienstes

Im Bundesfreiwilligendienst engagieren sich Frauen und Männer für das Allgemeinwohl, insbesondere im sozialen, ökologischen und kulturellen Bereich sowie im Bereich des Sports, der Integration und des Zivil- und Katastrophenschutzes. Der Bundesfreiwilligendienst fördert das lebenslange Lernen.

Der Bundesfreiwilligendienst fördert das zivilgesellschaftliche Engagement von Frauen und Männern aller Generationen. Jüngere Freiwillige erwerben und vertiefen ihre persönlichen und sozialen Kompetenzen, ältere Freiwillige bringen ihre eigene Lebens und Berufserfahrung ein. Während zum Zivildienst als Wehrersatzdienst nur wehrpflichtige junge Männer einberufen wurden, ist die Öffnung eines freiwilligen Dienstes für beide Geschlechter, aber auch für ältere Menschen, gleichstellungs-, gesellschafts- und engagementpolitisch geboten.

Für die jüngeren Freiwilligen wird die Möglichkeit, wichtige persönliche und vorberufliche Erfahrungen zu sammeln, im Vordergrund stehen. In dem als Lerndienst ausgestalteten Zivildienst konnten junge Männer, wie durch das Forschungsprojekt "Zivildienst als Sozialisationsinstanz für junge Männer" belegt, wichtige Schlüsselkompetenzen erwerben und vertiefen. Der Bundesfreiwilligendienst stellt auf diesen Erfahrungen beruhend eine vergleichbare Möglichkeit zum persönlichen und sozialen Kompetenzerwerb dar. Dieser Kompetenzerwerb steht selbstverständlich auch älteren Menschen offen; hier wird jedoch das Einbringen und Vermitteln schon vorhandener Kompetenzen sowie Lebens- und Berufserfahrung im Vordergrund stehen.

§ 2 Freiwillige

Freiwillige im Sinne dieses Gesetzes sind Personen, die
1. die Vollzeitschulpflicht erfüllt haben,
2. einen freiwilligen Dienst ohne Erwerbsabsicht, außerhalb einer Be-

---

[35] Die Begründung findet sich jeweils im Anschluss an die Absätze in blauer Farbe. Sie ist dem Gesetzentwurf der Bundesregierung BT-Drucksache 17/4803 vom 17.2.2011 entnommen.

rufsausbildung und vergleichbar einer Vollzeitbeschäftigung, oder, sofern sie das 27. Lebensjahr vollendet haben, auch vergleichbar einer Voll- oder Teilzeitbeschäftigung von mehr als 20 Stunden pro Woche leisten,

3. sich auf Grund einer Vereinbarung nach § 8 zur Leistung eines Bundesfreiwilligendienstes für eine Zeit von mindestens sechs Monaten und höchstens 24 Monaten verpflichtet haben, und

4. für den Dienst nur unentgeltliche Unterkunft, Verpflegung und Arbeitskleidung sowie ein angemessenes Taschengeld oder anstelle von Unterkunft, Verpflegung und Arbeitskleidung entsprechende Geldersatzleistungen erhalten dürfen; ein Taschengeld ist dann angemessen, wenn es

   a) sechs Prozent der in der allgemeinen Rentenversicherung geltenden Beitragsbemessungsgrenze (§ 159 des Sechsten Buches Sozialgesetzbuch) nicht übersteigt,

   b) dem Taschengeld anderer Personen entspricht, die einen Jugendfreiwilligendienst nach dem Jugendfreiwilligendienstegesetz leisten und eine vergleichbare Tätigkeit in derselben Einsatzstelle ausüben,

   c) bei einem Dienst vergleichbar einer Teilzeitbeschäftigung anteilig gekürzt ist und

   d) für Freiwillige, die das 25. Lebensjahr noch nicht vollendet haben und für die kein Anspruch auf einen Freibetrag nach § 32 Absatz 6 des Einkommensteuergesetzes oder Kindergeld besteht, erhöht ist.

Die Vorschrift definiert den Begriff des Freiwilligen im Sinne dieses Gesetzes und entspricht nahezu vollständig § 2 des Jugendfreiwilligendienstegesetzes (JFDG). Auch Ausländer können am Bundesfreiwilligendienst teilnehmen. Voraussetzung hierfür ist, dass sie über einen Aufenthaltstitel verfügen, der sie zur Erwerbstätigkeit berechtigt (vgl. § 4 Absatz 2 Satz 1 des Aufenthaltsgesetzes). Freiwilligen aus dem Ausland kann grundsätzlich auch speziell für die Teilnahme am Bundesfreiwilligendienst eine Aufenthaltserlaubnis nach § 18 des Aufenthaltsgesetzes erteilt werden. Aus § 39 Absatz 1 des Aufenthaltsgesetzes i.V.m. den §§ 1 und 9 der Beschäftigungsverordnung ergibt sich, dass die Erteilung eines Aufenthaltstitels an Ausländer zum Zweck eines Bundesfreiwilligendienstes nicht der Zustimmung der Bundesagentur für Arbeit bedarf. Denn bei dem Bundesfreiwilligendienst handelt es sich um einen "gesetzlich geregelten Freiwilligendienst (§ 9 Nummer 1 Alternative 1 der Beschäftigungsverordnung). Ein Teilzeit-Bundesfreiwilligendienst **(Nummer 2)** ist attraktiv insbesondere für ältere Menschen, die sich nicht Vollzeit engagieren können oder wollen.

Durch die Regelung wird sichergestellt, dass der Bundesfreiwilligendienst nur als Hauptbeschäftigung durchgeführt werden kann und dadurch von anderem bürgerschaftlichem Engagement, das von vielen Millionen Menschen in Deutschland im Umfang einiger Wochenstunden in allen Bereichen der Gesellschaft ausgeübt wird, unterschieden bleibt. **Nummer 4** überträgt die Verantwortung für die Höhe des angemessenen Taschengeldes auf Träger und Einsatzstelle. Es besteht ein erheblicher Gestaltungsspielraum, der es ermöglicht, auch in Abhängigkeit von den konkreten Umständen des einzelnen Einsatzes auf lokaler Ebene sachgerechte und auch für die Freiwilligen attraktive Lösungen zu finden. Dazu zählt auch wie in den Jugendfreiwilligendiensten die Möglichkeit, im Rahmen einer Taschengeldregelung einen Teil des Taschengeldes nicht monatlich in bar, sondern in Sachleistungen, etwa einer Bahncard oder der Ermöglichung des Erwerbs eines Führerscheines, vorzusehen. Da § 159 SGB VI nur die Beitragsbemessungsgrenze West regelt, verweist **Nummer 4 Buchstabe a** - ebenso wie die Regelung in § 2 Absatz 1 Nummer 3 JFDG - auf eine bundesweit einheitliche Obergrenze. **Nummer 4 Buchstabe b** stellt dabei ausdrücklich sicher, dass Freiwillige des Bundesfreiwilligendienstes und Freiwillige der Jugendfreiwilligendienste ein ohne den in **Nummer 4 Buchstabe d** geregelten Ausgleich gleichwertiges Taschengeld zu erhalten haben und auch auf diesem Wege eine gleiche Attraktivität beider Dienste für an einem Freiwilligendienst interessierte Menschen gewahrt wird. **Nummer 4 Buchstabe c** ist die Konsequenz aus der Möglichkeit, einen Bundesfreiwilligendienst mit reduzierter Wochenstundenzahl zu leisten. Aus Gleichbehandlungsgründen regelt **Nummer 4 Buchstabe d**, dass sich das Taschengeld bei Freiwilligen unter 25 Jahren, für die kein Anspruch auf einen Freibetrag nach § 32 Absatz 6 EStG oder Kindergeld besteht, erhöht. Die genaue Höhe bleibt in das Ermessen von Träger und Einsatzstelle gestellt. Ein neuer Kindergeldtatbestand wird durch das Bundesfreiwilligendienstgesetz und die flankierenden Gesetzesänderungen nicht geschaffen. Die Obergrenze **(Nummer 4 Buchstabe a)** für das Gesamttaschengeld (Taschengeld plus Erhöhung gemäß Nummer 4 Buchstabe d) erhöht sich entsprechend.

§ 3 Einsatzbereiche, Dauer

(1) Der Bundesfreiwilligendienst wird in der Regel ganztägig als überwiegend praktische Hilfstätigkeit in gemeinwohlorientierten Einrichtungen geleistet, insbesondere in Einrichtungen der Kinder- und Jugendhilfe, einschließlich der Einrichtungen für außerschulische Jugendbildung und für Jugendarbeit, in Einrichtungen der Wohlfahrts-, Gesundheits- und Altenpflege, der Behindertenhilfe, der Kultur und Denkmalpflege, des

Sports, der Integration, des Zivil- und Katastrophenschutzes und in Einrichtungen, die im Bereich des Umweltschutzes einschließlich des Naturschutzes und der Bildung zur Nachhaltigkeit tätig sind. Der Bundesfreiwilligendienst ist arbeitsmarktneutral auszugestalten.

(2) Der Bundesfreiwilligendienst wird in der Regel für eine Dauer von zwölf zusammenhängenden Monaten geleistet. Der Dienst dauert mindestens sechs Monate und höchstens 18 Monate. Er kann ausnahmsweise bis zu einer Dauer von 24 Monaten verlängert werden, wenn dies im Rahmen eines besonderen pädagogischen Konzepts begründet ist. Im Rahmen eines pädagogischen Gesamtkonzepts ist auch eine Ableistung in zeitlich getrennten Abschnitten möglich, wenn ein Abschnitt mindestens drei Monate dauert. Die Gesamtdauer aller Abschnitte sowie mehrerer geleisteter Bundesfreiwilligendienste darf bis zum 27. Lebensjahr die zulässige Gesamtdauer nach den Sätzen 2 und 3 nicht überschreiten, danach müssen zwischen jedem Ableisten der nach den Sätzen 2 und 3 zulässigen Gesamtdauer fünf Jahre liegen; auf das Ableisten der Gesamtdauer ist ein Jugendfreiwilligendienst nach dem Jugendfreiwilligendienstegesetz anzurechnen.

Die in Zivildienst und Jugendfreiwilligendiensten praktizierte Arbeitsmarktneutralität hat sich bewährt und bestimmt auch den Bundesfreiwilligendienst. Die Freiwilligen verrichten unterstützende, zusätzliche Tätigkeiten und ersetzen keine hauptamtlichen Kräfte. Die Voraussetzung der Arbeitsmarktneutralität wurde vor jeder Anerkennung eines Zivildienstplatzes durch das Bundesamt für den Zivildienst geprüft und anschließend durch die Außendienstmitarbeiterinnen und -mitarbeiter des Bundesamtes kontinuierlich überwacht; dies wird künftig auch so im Bundesfreiwilligendienst erfolgen. Anders als im Zivildienstgesetz wird dies gesetzlich geregelt, da der Bundesfreiwilligendienst auch von Freiwilligen nach der Vollendung des 27. Lebensjahres geleistet werden kann. **§ 3 Absatz 1** entspricht § 3 Absatz 1 und § 4 Absatz 1 JFDG mit dem Unterschied, dass der Bundesfreiwilligendienst für Freiwillige, die das 27. Lebensjahr vollendet haben, nur in der Regel ganztägig geleistet wird. Dies ist die Konsequenz aus der für diese Personengruppe gegebenen Möglichkeit, einen Teilzeit-Bundesfreiwilligendienst zu leisten, wobei dieser mit mehr als 20 Wochenstunden die Hauptbeschäftigung sein muss. Einrichtungen der Behindertenhilfe wurden klarstellend und beispielhaft in den Katalog der Einsatzmöglichkeiten aufgenommen, weil sie ein typischer Einsatzbereich für Freiwillige sind. Der Einsatz im Rahmen von Ganztagsschulen und vergleichbarer an die Schulen angegliederter Angebote außerhalb des Regelunterrichtes ist möglich, da es sich hierbei um Einrichtungen der Jugendarbeit handelt. Insofern Einrichtungen zusätzliche Unterstützung etwa unter Integrations- oder sonstigen Förderaspekten auch unter Einbeziehung der

Begleitung im Unterricht anbieten, ist auch hier - wie bereits heute in den Jugendfreiwilligendiensten - cin Einsatz möglich, wobei der Einsatz strikt auf die tatsächlichen Kompetenzen und Möglichkeiten der Freiwilligen begrenzt und die alleinige Kompetenz der Fachkräfte für Unterricht und pädagogische Begleitung gewahrt bleiben muss. Durch die Einbeziehung des Zivil und Katastrophenschutzes wird für die in diesem Bereich tätigen Einrichtungen und Organisationen (Technisches Hilfswerk und andere Hilfsorganisationen) die Möglichkeit geschaffen, Freiwillige zu gewinnen und für das Ehrenamt notwendige Kapazitäten aufrecht zu erhalten. Damit wird der gesellschaftlich sehr erwünschte Einstieg in das Ehrenamt nachhaltig unterstützt, weil das Kennenlernen der Organisationen oft zu einem nachfolgenden ehrenamtlichen Engagement führt. Wehrersatzdienst sowie Zivildienst können nach derzeitiger Gesetzeslage über eine Verpflichtung im Zivil und Katastrophenschutz abgeleistet werden. **§ 3 Absatz 2 Satz 1 bis 3 sowie Satz 5** entspricht § 5 Absatz 1 JFDG, **Satz 4** entspricht § 8 Satz 1 JFDG. **§ 3 Absatz 2 Satz 6 und 7** stellt sicher, dass niemand Bundesfreiwilligendienst und Jugendfreiwilligendienste zur Bestreitung seines Lebensunterhalts ableistet und dass eine regelmäßige Neubesetzung der Einsatzplätze stattfindet. In § 5 Absatz 3 JFDG findet sich eine ähnliche Regelung. Gleichzeitig wird die Möglichkeit geregelt, einen Freiwilligendienst gleich welcher Rechtsform mehrmals im Leben abzuleisten, etwa zwischen Schule und Ausbildung, im Rahmen eines "sabbaticals" und nach Ausscheiden aus dem Beruf.

§ 4 Pädagogische Begleitung

(1) Der Bundesfreiwilligendienst wird pädagogisch begleitet mit dem Ziel, soziale, ökologische, kulturelle und interkulturelle Kompetenzen zu vermitteln und das Verantwortungsbewusstsein für das Gemeinwohl zu stärken.

(2) Die Freiwilligen erhalten von den Einsatzstellen fachliche Anleitung.

(3) Während des Bundesfreiwilligendienstes finden Seminare statt, für die Teilnahmepflicht besteht. Die Seminarzeit gilt als Dienstzeit. Die Gesamtdauer der Seminare beträgt bei einer zwölfmonatigen Teilnahme am Bundesfreiwilligendienst mindestens 25 Tage; Freiwillige, die das 27. Lebensjahr vollendet haben, nehmen in angemessenem Umfang an den Seminaren teil. Wird ein Dienst über den Zeitraum von zwölf Monaten hinaus vereinbart oder verlängert, erhöht sich die Zahl der Seminartage für jeden weiteren Monat um mindestens einen Tag. Bei einem kürzeren Dienst als zwölf Monate verringert sich die Zahl der Seminartage für jeden Monat um zwei Tage. Die Freiwilligen wirken an der inhaltlichen Gestaltung und der Durchführung der Seminare mit.

(4) Die Freiwilligen nehmen im Rahmen der Seminare nach Absatz 3 an einem fünftägigen Seminar zur politischen Bildung teil. In diesem Seminar darf die Behandlung politischer Fragen nicht auf die Darlegung einer einseitigen Meinung beschränkt werden. Das Gesamtbild des Unterrichts ist so zu gestalten, dass die Dienstleistenden nicht zugunsten oder zuungunsten einer bestimmten politischen Richtung beeinflusst werden.

(5) Die Seminare, insbesondere das Seminar zur politischen Bildung, können gemeinsam für Freiwillige und Personen, die Jugendfreiwilligendienste oder freiwilligen Wehrdienst leisten, durchgeführt werden.

§ 4 Absatz 1 ist angelehnt an § 3 Absatz 2 und § 4 Absatz 2 JFDG. **§ 4 Absatz 2 und 3** lehnt sich an § 5 Absatz 2 JFDG an. Wie die Jugendfreiwilligendienste wird auch der Bundesfreiwilligendienst pädagogisch begleitet. Als Vertragspartner der Freiwilligen hat der Bund die Verantwortung für die Sicherstellung der pädagogischen Begleitung. Die Ausgestaltung der pädagogischen Begleitung wird in den zu schließenden Verträgen zwischen Bund und den Zentralstellen geregelt. Diese greifen zur Umsetzung insbesondere auf die ihnen angeschlossenen Träger zurück. **§ 4** übernimmt die bewährten qualitativen Standards der Jugendfreiwilligendienste. Auf die spezifischen Bedürfnisse und Qualifikationen anderer Altersgruppen wird bei der Durchführung des Bundesfreiwilligendienstes durch Einsatzstellen, Träger und Zentralstellen zu achten sein. Die pädagogische Begleitung besteht aus fachlicher Anleitung, individueller Betreuung und Seminaren. Zur Vermeidung von Doppelstrukturen können Freiwillige der Jugendfreiwilligendienste, Freiwillige des Bundesfreiwilligendienstes und freiwilligen Wehrdienst Leistende gemeinsam an Seminartagen, insbesondere am Seminar zur politischen Bildung, teilnehmen. **Absatz 5** stellt dies klar. Die Zahl der Seminartage ist unabhängig von der vereinbarten Wochenstundenzahl des Bundesfreiwilligendienstes. 25 Tage insgesamt sind für Freiwillige, die das 27. Lebensjahr noch nicht vollendet haben, obligatorisch. Unter Berücksichtigung der Lebens- und Berufserfahrung älterer Freiwilliger kann für diese die Gesamtzahl der Seminartage in angemessenem Umfang reduziert werden. Die Regelung des Seminars zur politischen Bildung **(§ 4 Absatz 4)** entspricht § 25b Absatz 1 Satz 2 Nummer 1 und Absatz 4 ZDG. Dem Bund ist es ein Anliegen, auch in diesem Bundesprogramm politische Bildung ausdrücklich vorzusehen, die in der Regel in den bestehenden regionalen Zivildienstschulen durchgeführt werden soll.

§ 5 Anderer Dienst im Ausland

Die bestehenden Anerkennungen sowie die Möglichkeit neuer Anerkennungen von Trägern, Vorhaben und Einsatzplänen des Anderen Dienstes im Ausland nach § 14b Absatz 3 des Zivildienstgesetzes bleiben unberührt.

Der Bundesfreiwilligendienst kann nicht im Ausland abgeleistet werden. Für Auslandseinsätze stehen das FSJ/FÖJ-Ausland, der Internationale Jugendfreiwilligendienst sowie weiterhin auch der so genannte Andere Dienst im Ausland (ADiA) zur Verfügung. Für diesen besteht auch im künftigen Gefüge der Auslandsfreiwilligendienste ein Bedarf, weil es sich um ein spezifisches, historisch gewachsenes und mit zurzeit weit über 2 000 Teilnehmern auch großes Programm handelt. Der Andere Dienst im Ausland wird auch künftig als solcher nicht finanziell vom Bund gefördert oder im Einzelnen qualitativ geregelt, durch die Anerkennung der Einsatzplätze durch den Bund entsteht aber eine gegenüber den vollständig ungeregelten Auslandsprogrammen erhöhte Sicherheit für die Teilnehmerinnen und Teilnehmer.

§ 6 Einsatzstellen

(1) Die Freiwilligen leisten den Bundesfreiwilligendienst in einer dafür anerkannten Einsatzstelle.

(2) Eine Einsatzstelle kann auf ihren Antrag von der zuständigen Bundesbehörde anerkannt werden, wenn sie

1. Aufgaben insbesondere in Einrichtungen der Kinder- und Jugendhilfe, einschließlich der Einrichtungen für außerschulische Jugendbildung und für Jugendarbeit, in Einrichtungen der Wohlfahrts-, Gesundheits- und Altenpflege, der Behindertenhilfe, der Kultur und Denkmalpflege, des Sports, der Integration, des Zivil- und Katastrophenschutzes und in Einrichtungen, die im Bereich des Umweltschutzes einschließlich des Naturschutzes tätig sind, wahrnimmt,

2. die Gewähr bietet, dass Beschäftigung, Leitung und Betreuung der Freiwilligen den Bestimmungen dieses Gesetzes entsprechen, sowie

3. die Freiwilligen persönlich und fachlich begleitet und für deren Leitung und Betreuung qualifiziertes Personal einsetzt.

Die Anerkennung wird für bestimmte Plätze ausgesprochen. Sie kann mit Auflagen verbunden werden.

(3) Die am 1. April 2011 nach § 4 des Zivildienstgesetzes anerkannten Beschäftigungsstellen und Dienstplätze des Zivildienstes gelten als anerkannte Einsatzstellen und -plätze nach Absatz 2.

(4) Die Anerkennung ist zurückzunehmen oder zu widerrufen, wenn eine der in Absatz 2 genannten Voraussetzungen nicht vorgelegen hat oder nicht mehr vorliegt. Sie kann auch aus anderen wichtigen Gründen widerrufen werden, insbesondere, wenn eine Auflage nicht oder nicht innerhalb der gesetzten Frist erfüllt worden ist.

(5) Die Einsatzstelle kann mit der Erfüllung von gesetzlichen oder sich aus der Vereinbarung ergebenden Aufgaben mit deren Einverständnis einen Träger oder eine Zentralstelle beauftragen. Dies ist im Vorschlag nach § 8 Absatz 1 festzuhalten.

Der Bundesfreiwilligendienst wird in anerkannten Einsatzstellen geleistet **(Absatz 1)**. Eine Einsatzstelle kann anerkannt werden, wenn sie für eine den Bestimmungen dieses Gesetzes entsprechende Durchführung des Bundesfreiwilligendienstes Gewähr bietet. Durch die Koppelung des Bundesfreiwilligendienstes an die bestehenden Jugendfreiwilligendienste und die Aufrechterhaltung der dortigen zivilgesellschaftlichen Strukturen wird die zentrale Rolle auch der Träger der Jugendfreiwilligendienste für das gesamte künftige Angebot gewährleistet, ohne dass die zivilgesellschaftlich zu entwickelnden und subsidiär orientierten Organisationsformen gesetzlich vorgegeben werden müssen. **§ 6 Absatz 2 Nummer 1 bis 3** entspricht § 10 Absatz 2 JFDG. Die Aufzählung in **§ 6 Absatz 2 Nummer 1** ist nicht abschließend. Es können auch Einsatzstellen anerkannt werden, die Aufgaben in anderen Bereichen, zum Beispiel im Bereich des Bevölkerungsschutzes, durchführen. Die Anerkennung wird für bestimmte Plätze ausgesprochen **(§ 6 Absatz 2)**. Sie kann mit Auflagen verbunden werden (§ 36 Absatz 2 des Verwaltungsverfahrensgesetzes). **§ 6 Absatz 4** entspricht § 10 Absatz 4 JFDG. Als anerkannt gelten die Beschäftigungsstellen des Zivildienstes.

§ 7 Zentralstellen

(1) Träger und Einsatzstellen können Zentralstellen bilden. Die Zentralstellen tragen dafür Sorge, dass die ihnen angehörenden Träger und Einsatzstellen ordnungsgemäß an der Durchführung des Bundesfreiwilligendienstes mitwirken. Das Bundesministerium für Familie, Senioren, Frauen und Jugend bestimmt durch Rechtsverordnung, die nicht der Zustimmung des Bundesrats bedarf, Mindestanforderungen für die Bildung einer Zentralstelle, insbesondere hinsichtlich der für die Bildung einer Zentralstelle erforderlichen Zahl, Größe und geografischen Verteilung der Einsatzstellen und Träger.

(2) Für Einsatzstellen und Träger, die keinem bundeszentralen Träger angehören, richtet die zuständige Bundesbehörde auf deren Wunsch eine eigene Zentralstelle ein.

(3) Jede Einsatzstelle ordnet sich einer oder mehrerer Zentralstellen zu.

(4) Die Zentralstellen können den ihnen angeschlossenen Einsatzstellen Auflagen erteilen, insbesondere zum Anschluss an einen Träger sowie zur Gestaltung und Organisation der pädagogischen Begleitung der Freiwilligen.

(5) Die zuständige Behörde teilt den Zentralstellen nach Inkrafttreten des jährlichen Haushaltsgesetzes bis möglichst zum 31. Januar eines jeden Jahres mit, wie viele Plätze im Bereich der Zuständigkeit der jeweiligen Zentralstelle ab August des Jahres besetzt werden können. Die Zentralstellen nehmen die regional angemessene Verteilung dieser Plätze auf die ihnen zugeordneten Träger und Einsatzstellen in eigener Verantwortung vor. Sie können die Zuteilung von Plätzen mit Auflagen verbinden.

Die Zentralstellen, die - in Übereinstimmung mit den Wünschen der bestehenden zivilgesellschaftlichen Strukturen - in der Regel bei den heutigen bundeszentralen Trägern der Jugendfreiwilligendienste eingerichtet werden, übernehmen die entscheidende Steuerungsfunktion im Bundesfreiwilligendienst und stellen damit die Koppelung zwischen bestehenden Jugendfreiwilligendiensten und dem neuen Bundesfreiwilligendienst sicher. Durch die Koppelung des Bundesfreiwilligendienstes an die Jugendfreiwilligendienste und zusätzlich durch die Möglichkeit der Zentralstellen, die Weitergabe von Plätzen nur über Träger vorzunehmen, wird das Trägerprinzip im Bereich der Freiwilligendienste gestärkt. Um den zivilgesellschaftlichen Akteuren im Einzelfall subsidiäre Speziallösungen zu ermöglichen, werden die Träger im Gesetzestext nicht explizit geregelt. Die Zentralstellen sind das Bindeglied zwischen zuständiger Bundesbehörde und den Einsatzstellen sowie deren Trägern. Sie werden gebildet von Trägern und Einsatzstellen. Um diese zentrale Aufgabe erfolgreich übernehmen zu können, sind Mindestanforderungen hinsichtlich der Zahl, Größe und geografischen Verteilung der vertretenen Einsatzstellen sinnvoll, die in einer Rechtsverordnung vom Bundesministerium für Familie, Senioren, Frauen und Jugend geregelt werden. Die zuständige Behörde kann die Funktion einer Zentralstelle für diejenigen Einsatzstellen und Träger, die keinem bundeszentralen Träger angehören, wahrnehmen. Dabei handelt es sich um Gebietskörperschaften sowie um Träger der Jugendfreiwilligendienste, die von den Ländern anerkannt worden sind (§ 10 Absatz 1 Nummer 3 oder Absatz 2 JFDG). Auch diese sollen an der weiteren Entwicklung partizipieren können, können oder wollen aber nicht an die bestehenden bundeszentralen Träger der Jugendfreiwilligendienste angegliedert werden.

Insbesondere können die bestehenden bundeszentralen Träger nicht verpflichtet werden, alle von den Ländern anerkannten Träger aufzunehmen. Für diese regionalen Träger ist daher ein neuer Zugang zur Bundesförderung zu eröffnen. Die Zuordnungskonditionen müssen vergleichbar sein mit den Konditionen der von bundeszentralen Trägern verantworteten Zentralstellen. Jede Einsatzstelle ordnet sich mindestens einer Zentralstelle zu, da sie nur auf diesem Wege förderfähige Plätze erhalten kann. Die Möglichkeit, sich mehreren Zentralstellen zuzuordnen, greift sowohl bestehende

Strukturen der Jugendfreiwilligendienste auf, in denen vereinzelt ebenfalls innerhalb einer Einsatzstelle verschiedene Plätze von verschiedenen Trägern anerkannt und betreut werden, als auch insbesondere ein Anliegen der speziellen Träger von Freiwilligendiensten für nicht im Bundesgebiet ansässige ausländische Freiwillige („incoming"), die für dieses Programm mit Einsatzstellen zusammenarbeiten, deren weitere Plätze durch andere Träger begleitet werden. Die Zentralstellen gewährleisten die ordnungsgemäße Durchführung des Bundesfreiwilligendienstes durch Träger und Einsatzstellen. Außerdem nehmen sie die Verteilung der Bundesfreiwilligendienstplätze vor. Sie können den ihnen angeschlossenen Einsatzstellen Auflagen erteilen, insbesondere die Auflage, sich einem Träger anzuschließen. Durch eine koordinierte Zuteilung aller Plätze durch die Zentralstellen wird eine gleichmäßige Entwicklung von Bundesfreiwilligendienst und Jugendfreiwilligendiensten gewährleistet. In der Startphase, in der 35.000 Teilnehmerinnen und Teilnehmer im Bundesfreiwilligendienst bei weiterhin 35.000 Teilnehmerinnen und Teilnehmern im freiwilligen ökologischen und sozialen Jahr angestrebt werden, bedeutet dies, dass insgesamt genau so viele Bundesfreiwilligendienst-Plätze zur Verfügung gestellt werden wie FSJ- bzw. FÖJ-Plätze besetzt sind. Die Zentralstellen regeln die jeweils interne, regional angemessene Zuteilung in eigener Zuständigkeit und tragen somit die Verantwortung dafür, dass es zu keinem Verdrängungswettbewerb zwischen den Freiwilligendiensten kommt. Die Zentralstellen können, wo dies sachgerecht ist, die Zuteilung eines (weiteren) Bundesfreiwilligendienst-Platzes an die Besetzung eines (weiteren) FSJ-/FÖJ-Platzes koppeln ("Tandem-Modell"). Aber auch andere Kriterien sind möglich, wenn bezogen auf die Zentralstelle das Ziel einer parallelen Entwicklung erreicht wird. Darüber hinaus wird sichergestellt, dass die Förderung des Bundesfreiwilligendienstes nicht zu Lasten bestehender oder neuer FSJ/FÖJ-Angebote geht oder gar eine Umwidmung bestehender FSJ/FÖJ-Plätze in Plätze des Bundesfreiwilligendienstes erfolgt. Insoweit wird ein Bestandsschutz für die bestehenden Jugendfreiwilligendienste gewährleistet. Dabei sind in enger Absprache mit den Ländern regionale Gegebenheiten und Besonderheiten zu berücksichtigen. So darf ein besonders großes Engagement für FSJ und FÖJ in der Vergangenheit (das in geringeren Aufwuchsmöglichkeiten resultiert) nicht zu einer Benachteiligung bei der künftigen Förderung führen. Darüber hinaus erfolgt die Bezuschussung von Bundesfreiwilligendienst-Plätzen unabhängig von der Bereitstellung neuer Jugendfreiwilligendienste-Plätze. Bittet ein Land zur Vermeidung einer unbilligen Benachteiligung die zuständige Bundesbehörde ausnahmsweise doch für einzelne Plätze, einzelne Einsatzstellen, einzelne Träger oder einzelne Tätigkeitsbereiche um die Anerkennung von bisherigen Plätzen der Jugendfreiwilligendienste als Plätze des Bundes-freiwilligendienstes, so ersetzt diese Bitte nicht die Prüfung und Anerken-nung nach **§ 6 Absatz 2**. Der Bund sichert die gleichmäßige Entwicklung beider Rechtsformen dadurch, dass die Zahl der einer Zentralstelle zur Verfügung gestellten Bundesfreiwilligendienst-Plätze der Zahl der im Vor-jahr besetzten FSJ- bzw. FÖJ-Plätze im Bereich dieser Zentralstelle ent-spricht. Sind im laufenden Jahr mehr Teilnehmerinnen und Teilnehmer in FSJ und FÖJ nachgewiesen worden, als im kommenden Jahr besetzbare Plätze im Bundesfreiwilligendienst zur Verfügung stehen, so erfolgt die Aufteilung auf die Zentralstellen proportional in Abhängigkeit ihres Erfolges bei der Besetzung der Plätze in den Jugendfreiwilligendiensten. Dadurch wird verhindert, dass Beteiligte sich auf den Bundesfreiwilligendienst kon-zentrieren; diese würden im Folgejahr keine Bundesfreiwilligendienst-Plätze mehr erhalten.

Im Startjahr 2011/2012 ist beabsichtigt, alle besetzten Plätze beider Rechtsformen zu fördern bzw. zu bezuschussen, soweit die Zentralstellen eine ausgewogene Verteilung der beiden Vertragsformen gewährleisten, so dass die dargestellte Methode zur Verteilung der Plätze im Bundesfrei-willigendienst erstmals im Januar 2012 für das Freiwilligenjahr 2012/2013 auf der Basis der im Freiwilligenjahr 2011/2012 besetzten FSJ- und FÖJ-Plätze anzuwenden ist. Näheres, insbesondere zur Durchführung der Se-minare und zur Qualitätsentwicklung und -sicherung, wird im Rahmen der zu schließenden Vereinbarungen geregelt.

§ 8 Vereinbarung

Der Bund und die oder der Freiwillige schließen vor Beginn des Bundes-freiwilligendienstes auf gemeinsamen Vorschlag der oder des Freiwilligen und der Einsatzstelle eine schriftliche Vereinbarung ab. Die Vereinbarung muss enthalten:

1. Vor- und Familienname, Geburtstag und Anschrift der oder des Frei-willigen, bei Minderjährigen die Anschrift der Erziehungsberechtigten sowie die Einwilligung des gesetzlichen Vertreters,
2. die Angabe, ob für die Freiwillige oder den Freiwilligen ein Anspruch auf einen Freibetrag nach § 32 Absatz 6 des Einkommensteuergeset-zes oder Kindergeld besteht,
3. die Bezeichnung der Einsatzstelle und, sofern diese einem Träger angehört, die Bezeichnung des Trägers,
4. die Angabe des Zeitraumes, für den die oder der Freiwillige sich zum Bundesfreiwilligendienst verpflichtet, sowie eine Regelung zur vor-zeitigen Beendigung des Dienstverhältnisses,
5. den Hinweis, dass die Bestimmungen dieses Gesetzes während der

Durchführung des Bundesfreiwilligendienstes einzuhalten sind,

6. Angaben zur Art und Höhe der Geld- und Sachleistungen sowie
7. die Angabe der Anzahl der Urlaubstage und der Seminartage.

(2) Die Einsatzstelle kann mit der Erfüllung von gesetzlichen oder sich aus der Vereinbarung ergebenden Aufgaben einen Träger oder eine Zentralstelle beauftragen. Dies ist im Vorschlag nach Absatz 1 festzuhalten.

(3) Die Einsatzstelle legt den Vorschlag in Absprache mit der Zentralstelle, der sie angeschlossen ist, der zuständigen Bundesbehörde vor. Die Zentralstelle stellt sicher, dass ein besetzbarer Platz nach § 7 Absatz 5 zur Verfügung steht. Die zuständige Bundesbehörde unterrichtet die Freiwillige oder den Freiwilligen sowie die Einsatzstelle, gegebenenfalls den Träger und die Zentralstelle, über den Abschluss der Vereinbarung oder teilt ihnen die Gründe mit, die dem Abschluss einer Vereinbarung entgegenstehen.

Grundlage des Bundesfreiwilligendienstes ist eine Vereinbarung zwischen Bund und Freiwilliger oder Freiwilligem. Dadurch wird ein öffentlicher Dienst des Bundes eigener Art begründet. Die Vereinbarung wird auf gemeinsamen Vorschlag der oder des Freiwilligen und der Einsatzstelle geschlossen (**§ 8 Absatz 1**). Durch die Regelung, dass Voraussetzung eines Einsatzes im Bundesfreiwilligendienst immer ein gemeinsamer Vorschlag von Freiwilliger oder Freiwilligem und Einsatzstelle sein muss, wird sichergestellt, dass weder eine Freiwillige oder ein Freiwilliger ohne ihren oder seinen Willen einer Einsatzstelle zugewiesen werden kann noch eine Einsatzstelle eine Freiwilligen oder einen Freiwilligen ohne ihr Einverständnis zugewiesen erhalten kann und die Einsatzstelle den Vereinbarungsinhalt vollumfänglich annimmt. **§ 8 Absatz 1** entspricht im Übrigen weitgehend § 11 Absatz 1 JFDG: **Nummer 2** ist Folgeregelung zu § 2 Nummer 4 Buchstabe d. Die Zuordnung der Einsatzstelle gegebenenfalls anhand des Anerkennungsbescheids kann außergesetzlich sichergestellt werden. Die Ziele des Dienstes ergeben sich bereits aus § 1. Einsatzstellen, die nicht alle gesetzlichen oder sich aus der Vereinbarung ergebenden Aufgaben selbst erfüllen können oder wollen, können mit der Erfüllung dieser Aufgaben einen Träger oder eine Zentralstelle beauftragen (**§ 8 Absatz 2**). In der Praxis werden die meisten Einsatzstellen von dieser Möglichkeit Gebrauch machen, so dass parallel zu den Jugendfreiwilligendiensten auch im Bundesfreiwilligendienst die Träger Hauptansprechpartner für alle Beteiligten sein werden. Diese Entwicklung sollte jedoch nicht gesetzlich zwingend vorgeschrieben werden, um im Einzelfall angemessenere, zivilgesellschaftlich entwickelte subsidiäre Aufgabenteilungen nicht von vornherein zu verhindern. Voraussetzung für den Abschluss der Vereinbarung ist, dass ein besetzbarer Platz zur Verfügung steht (**§ 8 Absatz 3**). Dies ermittelt die jeweilige Zentralstelle auf die in der Begründung zu § 7 dargelegte Weise.

§ 9 Haftung

(1) Für Schäden, die die oder der Freiwillige vorsätzlich oder fahrlässig herbeigeführt hat, haftet der Bund, wenn die schädigende Handlung auf sein Verlangen vorgenommen worden ist. Insoweit kann die oder der Freiwillige verlangen, dass der Bund sie oder ihn von Schadensersatzansprüchen der oder des Geschädigten freistellt.

(2) Für Schäden bei der Ausübung ihrer Tätigkeit haften Freiwillige nur wie Arbeitnehmerinnen und Arbeitnehmer.

Die Regelung stellt die Haftung des Bundes und der Freiwilligen klar.

§ 10 Beteiligung der Freiwilligen

Die Freiwilligen wählen Sprecherinnen und Sprecher, die ihre Interessen gegenüber den Einsatzstellen, Trägern, Zentralstellen und der zuständigen Bundesbehörde vertreten. Das Bundesministerium für Familie, Senioren, Frauen und Jugend regelt die Einzelheiten zum Wahlverfahren durch Rechtsverordnung, die nicht der Zustimmung des Bundesrats bedarf.

Die Freiwilligen wählen auf allen Ebenen Interessenvertretungen. Das Nähere zum Wahlverfahren wird durch Rechtsverordnung geregelt.

§ 11 Bescheinigung, Zeugnis

(1) Die Einsatzstelle stellt der oder dem Freiwilligen nach Abschluss des Dienstes eine Bescheinigung über den geleisteten Dienst aus. Eine Zweitausfertigung der Bescheinigung ist der zuständigen Bundesbehörde zuzuleiten.

(2) Bei Beendigung des freiwilligen Dienstes erhält die oder der Freiwillige von der Einsatzstelle ein schriftliches Zeugnis über die Art und Dauer des freiwilligen Dienstes. Das Zeugnis ist auf die Leistungen und die Führung während der Dienstzeit zu erstrecken. Dabei sind in das Zeugnis berufsqualifizierende Merkmale des Bundesfreiwilligendienstes aufzunehmen.

Der Wert des geleisteten Bundesfreiwilligendienstes für das Berufsleben wird im Zeugnis dokumentiert. § 11 ist stark an § 11 Absatz 3 und 4 JFDG angelehnt.

§ 12 Datenschutz

Die Einsatzstellen, Zentralstellen und Träger dürfen personenbezogene Daten nach § 8 Absatz 1 Satz 2 erheben, verarbeiten und nutzen, soweit dies für die Durchführung dieses Gesetzes erforderlich ist. Die Daten sind nach Abwicklung des Bundesfreiwilligendienstes zu löschen.

§ 12 entspricht § 12 JFDG. Aus dem Zusammenhang der Vorschrift ergibt sich, dass die Einsatzstellen bereits im Vorfeld der Vereinbarung die darin enthaltenen Daten erheben dürfen, da sonst ein entsprechender Vorschlag nicht möglich wäre. Abgewickelt im Sinne des **§ 12** ist der Bundesfreiwilligendienst erst, nachdem die notwendigen Sozialversicherungsbescheinigungen erteilt sind. Für die zuständige Bundesbehörde gilt das Bundesdatenschutzgesetz (BDSG).

§ 13 Anwendung arbeitsrechtlicher, arbeitsschutzrechtlicher und sonstiger Bestimmungen

(1) Für eine Tätigkeit im Rahmen eines Bundesfreiwilligendienstes im Sinne dieses Gesetzes sind die Arbeitsschutzbestimmungen, das Jugendarbeitsschutzgesetz und das Bundesurlaubsgesetz entsprechend anzuwenden. (2) Soweit keine ausdrückliche sozialversicherungsrechtliche Regelung vorhanden ist, finden auf den Bundesfreiwilligendienst die sozialversicherungsrechtlichen Bestimmungen entsprechende Anwendung, die für die Jugendfreiwilligendienste nach dem Jugendfreiwilligendienstegesetz gelten. Im Übrigen sind folgende Vorschriften entsprechend anzuwenden:

1. § 3 der Sonderurlaubsverordnung,
2. § 45 Absatz 3 Satz 1 Buchstabe c des Bundesversorgungsgesetzes,
3. § 1 Absatz 1 Nummer 2 Buchstabe h der Verordnung über den Ausgleich gemeinwirtschaftlicher Leistungen im Straßenpersonenverkehr,
4. § 1 Absatz 1 Nummer 2 Buchstabe h der Verordnung über den Ausgleich gemeinwirtschaftlicher Leistungen im Eisenbahnverkehr.

§ 13 entspricht § 13 JFDG. Durch den Abschluss der Vereinbarung über den Bundesfreiwilligendienst wird, genauso wie im Fall der Jugendfreiwilligendienste, kein Arbeitsverhältnis begründet. Die aufgeführten arbeitsrechtlichen und die arbeitsschutzrechtlichen Bestimmungen finden darum nur entsprechende Anwendung. Der Bund stellt sicher, dass die genannten arbeitsrechtlichen Bestimmungen und die Arbeitsschutzbestimmungen von den Einsatzstellen eingehalten werden. Das Jugendarbeitsschutzgesetz regelt den umfassenden Schutz der Jugend am Arbeitsplatz, der neben dem Schutz der körperlichen und psychischen Unversehrtheit auch Arbeitszeit und Urlaub betrifft. Der Bundesfreiwilligendienst ist keine befristete vorherige Tätigkeit im Sinne des § 14 Absatz 2 Satz 2 des Teilzeit- und Befristungsgesetzes und erschwert daher nicht einen späteren Berufseinstieg in dieser Einsatzstelle im Rahmen einer zeitlich zunächst befristeten Einstellung. Da es sich bei dem Bundesfreiwilligendienst nicht um ein Arbeitsverhältnis handelt, gelten die gesetzlichen Regelungen zur Teilzeitar-

beit für den Bundesfreiwilligendienst nicht. Die Freiwilligen des Bundesfreiwilligendienstes und die Freiwilligen der Jugendfreiwilligendienste werden sozialversicherungsrechtlich gleichgestellt. **Absatz 2 Nummer 1** ist
insofern ein Auffangtatbestand für die Fälle, die nicht ausdrücklich geregelt
sind. § 3 der Sonderurlaubsverordnung bestimmt, dass zur Ableistung
eines freiwilligen sozialen Jahres oder eines freiwilligen ökologischen Jahres im Sinne des Jugendfreiwilligendienstegesetzes Beamtinnen und Beamten Urlaub unter Wegfall der Besoldung bis zu 24 Monaten gewährt
werden kann, wenn dienstliche Gründe nicht entgegenstehen (Verweis in §
9 Nummer 1 JFDG). Diese Regelung gilt für den Bundesfreiwilligendienst
entsprechend. Gemäß § 45 Absatz 3 Satz 1 Buchstabe c des Bundesversorgungsgesetzes (Waisenrente bei Kriegsopferversorgung) erhalten Waisen nach Vollendung des 18. Lebensjahres eine Waisenrente, wenn sie
einen Jugendfreiwilligendienst leisten. Diese Regelung gilt für den Bundesfreiwilligendienst entsprechend. Die Ermäßigungen im Straßenpersonenverkehr und Eisenbahnverkehr gibt es im Bundesfreiwilligendienst ebenso
wie in den Jugendfreiwilligendiensten. § 265 Absatz 2 Satz 3 Nummer 2
des Lastenausgleichsgesetzes (§ 9 Nummer 4 JFDG) wird nicht entsprechend angewandt, da diese Regelung im Ergebnis einen Anspruch auf
einen Freibetrag nach § 32 Absatz 6 EStG oder Kindergeldanspruch begründet. § 33b Absatz 4 Satz 2 Nummer 2 d des Bundesversorgungsgesetzes (§ 9 Nummer 8 JFDG) wird nicht entsprechend angewandt, weil der
Kinderzuschlag bei der Kriegsopferversorgung dem Kindergeld entspricht.
§ 32 Absatz 4 Satz 1 Nummer 2 Buchstabe b und d EStG (§ 9 Nummer 3
JFDG) wird nicht entsprechend angewandt, da Freibeträge für Kinder bzw.
Kindergeld für den Bundesfreiwilligendienst nicht gewährt werden sollen. §
2 Absatz 2 Satz 1 Nummer 2 Buchstabe b und d des Bundeskindergeldgesetzes wird nicht entsprechend angewandt, weil der Bundesfreiwilligendienst keinen Anspruch auf Kindergeld auslösen soll.

§ 14 Zuständige Bundesbehörde

(1) Dieses Gesetz wird, soweit es nichts anderes bestimmt, in bundeseigener Verwaltung ausgeführt. Die Durchführung wird dem Bundesamt für
den Zivildienst als selbständiger Bundesoberbehörde übertragen, welche
die Bezeichnung "Bundesamt für Familie und zivilgesellschaftliche Aufgaben" (Bundesamt) erhält und dem Bundesministerium für Familie, Senioren, Frauen und Jugend untersteht.

(2) Dem Bundesamt können weitere Aufgaben übertragen werden.

Dieses Gesetz wird in bundeseigener Verwaltung von einer Bundesoberbehörde ausgeführt. So wird gewährleistet, dass der Bund seiner Verantwortung für die vereinbarungs- (§ 8) und gesetzmäßige Durchführung des

Bundesfreiwilligendienstes nachkommen kann. Außerdem ist auf diese Weise die uneingeschränkte Finanzierungskompetenz des Bundes für den Bundesfreiwilligendienst sichergestellt.

§ 15 Beirat für den Bundesfreiwilligendienst

(1) Bei dem Bundesministerium für Familie, Senioren, Frauen und Jugend wird ein Beirat für den Bundesfreiwilligendienst gebildet. Der Beirat berät das Bundesministerium für Familie, Senioren, Frauen und Jugend in Fragen des Bundesfreiwilligendienstes.

(2) Dem Beirat gehören an:

1. bis zu sieben Bundessprecherinnen oder Bundessprecher der Freiwilligen,
2. bis zu sieben Vertreterinnen oder Vertreter der Zentralstellen,
3. je eine Vertreterin oder ein Vertreter der evangelischen Kirche und der katholischen Kirche,
4. je eine Vertreterin oder ein Vertreter der Gewerkschaften und der Arbeitgeberverbände,
5. vier Vertreterinnen oder Vertreter der Länder und
6. eine Vertreterin oder ein Vertreter der kommunalen Spitzenverbände.

(3) Das Bundesministerium für Familie, Senioren, Frauen und Jugend beruft die Mitglieder des Beirats in der Regel für die Dauer von vier Jahren. Die in Absatz 2 genannten Stellen sollen hierzu Vorschläge machen. Die Mitglieder nach Absatz 2 Nummer 1 sind für die Dauer ihrer Dienstzeit zu berufen. Für jedes Mitglied wird eine persönliche Stellvertretung berufen.

(4) Die Sitzungen des Beirats werden von der oder dem von der Bundesministerin oder dem Bundesminister für Familie, Senioren, Frauen und Jugend dafür benannten Vertreterin oder Vertreter einberufen und geleitet.

§ 15 ist stark an § 2a ZDG angelehnt und greift eine insbesondere von den Ländern erhobene Forderung auf. Der Beirat, in dem alle am Bundesfreiwilligendienst, aber auch die an den Jugendfreiwilligendiensten Beteiligten einschließlich der Länder vertreten sind, berät das Bundesministerium für Familie, Senioren, Frauen und Jugend in Fragen des Bundesfreiwilligendienstes. Bei der Besetzung des Beirats ist die Pluralität der Einsatzbereiche, der beteiligten Organisationen und der teilnehmenden Personen, etwa durch Vertreterinnen oder Vertreter von Migrantenorganisationen und Organisationen des Natur- und Umweltschutzes, zu berücksichtigen. Gleichzeitig wird damit erreicht, dass der Sachverstand und die Erfahrung aller im und für den Bundesfreiwilligendienst Aktiven in seine Verwaltung einfließen und nutzbar gemacht werden.

§ 16 Übertragung von Aufgaben

Die Einsatzstellen, Zentralstellen und Träger können mit ihrem Einverständnis mit der Wahrnehmung von Aufgaben beauftragt werden. Die hierdurch entstehenden Kosten können in angemessenem Umfang erstattet werden.

§ 16 ist stark an § 5a ZDG angelehnt. Einsatzstellen, Zentralstellen und Träger können an der Verwaltung des Bundesfreiwilligendienstes mitwirken. Die Strukturen der zivilgesellschaftlich organisierten Freiwilligendienste werden so für die Durchführung des Bundesfreiwilligendienstes genutzt, so dass Doppelstrukturen vermieden werden. im Rahmen einer vertraglichen Vereinbarung können die Verwaltungskosten in einem angemessenen Umfang erstattet werden.

§ 17 Kosten

(1) Soweit die Freiwilligen Unterkunft, Verpflegung und Arbeitskleidung oder entsprechende Geldersatzleistungen erhalten, erbringen die Einsatzstellen diese Leistungen auf ihre Kosten für den Bund. Sie tragen die ihnen aus der Beschäftigung der Freiwilligen entstehenden Verwaltungskosten.

(2) Für den Bund zahlen die Einsatzstellen den Freiwilligen das Taschengeld, soweit ein Taschengeld vereinbart ist. Für die Einsatzstellen gelten die Melde-, Beitragsnachweis und Zahlungspflichten des Sozialversicherungsrechts. Die Einsatzstellen tragen die Kosten der pädagogischen Begleitung der Freiwilligen.

(3) Den Einsatzstellen wird der Aufwand für das Taschengeld, die Sozialversicherungsbeiträge und die pädagogische Begleitung im Rahmen der im Haushaltsplan vorgesehenen Mittel erstattet; das Bundesministerium für Familie, Senioren, Frauen und Jugend legt im Einvernehmen mit dem Bundesministerium der Finanzen einheitliche Obergrenzen für die Erstattung fest. Der Zuschuss für den Aufwand für die pädagogische Begleitung wird nach den für das freiwillige soziale Jahr im Inland geltenden Richtlinien des Bundes festgesetzt.

Die vom Einsatz der Freiwilligen profitierenden Einsatzstellen tragen die Sachkosten sowie die ihnen entstehenden Verwaltungskosten **(Absatz 1)**. Für den Bund zahlen sie das Taschengeld und tragen die Kosten der pädagogischen Bildung. Die Pflicht zur Zahlung der Gesamtsozialversicherungsbeiträge ergibt sich grundsätzlich aus den sozialversicherungsrechtlichen Normen. Den Einsatzstellen obliegen die vorgeschriebenen Melde-, Beitragsnachweis- und Zahlungspflichten. Hierfür erhalten sie eine Erstattung nach **Absatz 3**. Bis zu einer vom Bundesministerium für Familie, Senioren, Frauen und Jugend im Einvernehmen mit dem Bundesministerium der Finanzen festzulegenden Obergrenze wird den Einsatzstellen der Aufwand für Taschengeld, die Sozialversicherungsbeiträge und die pädagogische Begleitung erstattet. Die Obergrenze kann - wie zunächst vorgesehen -als fester Betrag (bis zu 550 Euro), in einer späteren Phase aber auch als prozentualer Anteil oder als Kombination beider Methoden festgelegt werden. Für die pädagogische Begleitung gibt es einen festen, dem Zuschuss für die pädagogische Begleitung bei den Jugendfreiwilligendiensten entsprechenden Erstattungsbetrag. Die Erstattung steht unter dem Vorbehalt, dass der Haushaltsplan dafür Mittel vorsieht.

Artikel 2
Änderung des Kriegsdienstverweigerungsgesetzes

§ 1 Absatz 2 des Kriegsdienstverweigerungsgesetzes vom 9. August 2003 (BGBl. I S. 1593), das zuletzt durch Artikel 2 des Gesetzes vom 14. Juni 2009 (BGBl. I S. 1229) geändert worden ist, wird wie folgt gefasst:

"(2) Wehrpflichtige, die als Kriegsdienstverweigerer anerkannt worden sind, haben im Spannungs- oder Verteidigungsfall statt des Wehrdienstes Zivildienst außerhalb der Bundeswehr als Ersatzdienst nach Artikel 12a Absatz 2 des Grundgesetzes zu leisten."

Parallel und zeitgleich zur Aussetzung der Pflicht, Grundwehrdienst zu leisten, wird die Pflicht, Zivildienst zu leisten, außerhalb des Spannungs- oder Verteidigungsfalls ausgesetzt. Wie der Grundwehrdienst muss auch der Zivildienst nur noch im Spannungs- oder Verteidigungsfall geleistet werden. Durch die Änderung wird außerdem klargestellt, dass nur die anerkannten Kriegsdienstverweigerer, die wehrpflichtig sind, im Spannungs- oder Verteidigungsfall Zivildienst leisten müssen. Das Recht auf Anerkennung als Kriegsdienstverweigerin oder Kriegsdienstverweigerer (§ 1 Absatz 1 KDVG) bleibt unberührt. Auch nach der Aussetzung der Grundwehrdienstpflicht können Wehrpflichtige und Soldatinnen und Soldaten damit als Kriegsdienstverweigerinnen und Kriegsdienstverweigerer anerkannt werden.

Artikel 3
Änderung des Zivildienstgesetzes

Das Zivildienstgesetz regelt die in § 1 Absatz 2 KDVG angeordnete Zivildienstpflicht der anerkannten Kriegsdienstverweigerer. Das Zivildienstgesetz wird nicht aufgehoben, um im Spannungs- oder Verteidigungsfall oder im Fall einer Wiedereinsetzung der Pflicht, den Grundwehrdienst zu leisten, ohne weiteres zur Verfügung zu stehen. In der Zwischenzeit läuft es weitgehend leer, da es außerhalb des Spannungs- oder Verteidigungsfalls keine Anerkennungen von Kriegsdienstverweigerern mehr geben wird. In Bezug auf finanzielle Abrechnungen (§ 6 ZDG), aber auch die Behandlung von Schadensersatzfällen (§ 34 ZDG), die Erhebung und Verwendung personenbezogener Daten (§ 36 ZDG) sowie Zivildienstbeschädigungen (§ 47ff. ZDG) entfaltet es weiterhin Wirkung.

Das Zivildienstgesetz in der Fassung der Bekanntmachung vom 17. Mai 2005 (BGBl. I S. 1346, 2301), das zuletzt durch Artikel 7 des Gesetzes vom 31. Juli 2010 (BGBl. S. 1052) geändert worden ist, wird wie folgt geändert:

1. Die Inhaltsübersicht wird wie folgt geändert:
a) Nach der Angabe zu § 1 wird folgende Angabe eingefügt:
    "§ 1a Aussetzung der Verpflichtung zur Ableistung des Zivildienstes".
b) Folgende Angabe wird angefügt:
    "§ 83 Übergangsvorschrift aus Anlass des Gesetzes zur Einführung eines Bundesfreiwilligendienstes".
Folgeänderung zur Einfügung des **§ 1a** und zur Anfügung des **§ 83**.

2. Nach § 1 wird folgender § 1a eingefügt:
"§ 1a
Aussetzung der Verpflichtung zur Ableistung des Zivildienstes
Die Einberufungsanordnungen des Bundesministeriums für Familie, Senioren, Frauen und Jugend können vorsehen, dass Einberufungen außerhalb des Spannungs- oder Verteidigungsfalls nur auf Vorschlag des Zivildienstpflichtigen und nur für Diensteintritte bis zum 30. Juni 2011 erfolgen."
Am Tag nach der Verkündung dieses Gesetzes können die Einberufungsanordnungen des Bundesministeriums für Familie, Senioren, Frauen und Jugend vorsehen, dass Einberufungen außerhalb des Spannungs- und Verteidigungsfalles nur auf Vorschlag des Zivildienstpflichtigen und nur für Diensteintritte bis zum 30. Juni 2011 erfolgen. Eine solche Änderung der Einberufungsanordnung hat zur Folge, dass unmittelbar keine Einberufungen mehr für Diensteintritte nach dem 30. Juni 2011 und keine Einberufungen mehr gegen den Willen des Zivildienstpflichtigen erfolgen.

3.
In § 9 Nummer 3 wird die Angabe "§ 64 oder § 66" durch die Wörter "den §§ 64, 66, 66a oder 66b" ersetzt.
Mit der Änderung wird ein gesetzgeberisches Versehen berichtigt. Bei der

Einfügung der §§ 66a und 66b des Strafgesetzbuchs über die vorbehaltene und die nachträgliche Sicherungsverwahrung in den Jahren 2002 bzw. 2004 ist versäumt worden, als Folgeänderung die Verweisung in § 9 Nummer 3 des Zivildienstgesetzes entsprechend zu ergänzen. Das vom Deutschen Bundestag am 2. Dezember 2010 beschlossene Gesetz zur Neuordnung des Rechts der Sicherungsverwahrung und zu begleitenden Regelungen (vgl. BR-Drucksache 794/10) erfordert keine zusätzliche Korrektur dieser Verweisung.

4. Folgender § 83 wird angefügt:

"§ 83

Übergangsvorschrift aus Anlass des Gesetzes zur Einführung eines Bundesfreiwilligendienstes

(1) Die Amtszeiten des derzeitigen Bundesbeauftragten und des derzeitigen Beirats für den Zivildienst enden am 31. Dezember 2011.

Mit der Regelung in Absatz 1 wird klargestellt, dass am 31. Dezember 2011 sowohl die Amtszeit des Bundesbeauftragten für den Zivildienst endet als auch die Berufungsperiode der Beiratsmitglieder.

(2) Einberufungsbescheide zu einem nach dem 30. Juni 2011 beginnenden Zivildienst sind zu widerrufen.

Einberufungen zum Zivildienst sind nur für Dienstantritte bis zum 30. Juni 2011 einschließlich möglich. Bereits ergangene Einberufungsbescheide für spätere Dienstantritte sind zu widerrufen.

(3) Zivildienstleistende, die zu einem über den 30. Juni 2011 hinausgehenden Zivildienst einberufen worden sind, sind auf Antrag mit Ablauf dieses Tages zu entlassen.

Einberufenen, die davon betroffen sind, ist bevorzugt ein vergleichbarer Einsatz im Rahmen des Bundesfreiwilligendienstes anzubieten, sofern sie dies wünschen. Mit Ablauf des 30. Juni 2011 endet der Pflicht-Zivildienst. Alle Zivildienstleistenden sind auf Antrag an diesem Tage zu entlassen.

(4) Zivildienstleistende, die zu einem über den 30. Juni 2011 hinausgehenden Zivildienst einberufen worden sind und keinen Antrag nach Absatz 3 gestellt haben, sind spätestens mit Ablauf des 31. Dezember 2011 zu entlassen. Ihnen wird ab dem 16. Dezember 2011 Sonderurlaub gewährt.

Zivildienstleistende, die zu einem über den 30. Juni 2011 dauernden Pflicht-Zivildienst einberufen wurden und keinen Entlassungsantrag gestellt haben, können ihren Dienst bis längstens zum 31. Dezember 2011 fortsetzen. Über diesen Tag hinaus ist keine Ableistung des Zivildienstes mehr möglich. Das gilt auch für den freiwilligen zusätzlichen Zivildienst nach § 41a ZDG.

(5) Wer nach dem 30. Juni 2011 Zivildienst leistet, gilt sozialversicherungsrechtlich als Person, die auf Grund gesetzlicher Pflicht Zivildienst

leistet.

Zivildienstleistende, die freiwillig über den 30. Juni 2011 hinaus Zivildienst leisten, werden sozialversicherungsrechtlich denen gleichgestellt, die bis zum 30. Juni 2011 Zivildienst geleistet haben.

(6) Soweit nach diesem Gesetz Vorschriften, die für Soldaten gelten, für Zivildienstleistende entsprechend gelten, sind diese Vorschriften bis zum 31. Dezember 2011 in ihrer am 30. Juni 2011 geltenden Fassung anzuwenden."

Es wird sichergestellt, dass Zivildienstleistende auch nach Aussetzung der Pflicht, Grundwehrdienst zu leisten, bis zum 31. Dezember 2011 einen Zivildienst leisten können, der dem Dienst eines auf Grund der Wehrpflicht Wehrdienst Leistenden entspricht: Für Zivildienstleistende, die zwischen dem 1. Juli 2011 und 31. Dezember 2011 Dienst leisten, ist über Verweisungsvorschriften wie § 35 Absatz 1 ZDG die Fassung der wehrrechtlichen Vorschriften maßgeblich, die am 30. Juni 2011 (vor Aussetzung der Wehrpflicht) gilt.

Artikel 4
Weitere Änderung des Zivildienstgesetzes

§ 1a des Zivildienstgesetzes in der Fassung der Bekanntmachung vom 17. Mai 2005 (BGBl I S. 1346, 2301), das zuletzt durch Artikel 3 dieses Gesetzes geändert worden ist, wird wie folgt geändert:

1. Der Wortlaut wird Absatz 1

2. Folgender Absatz 2 wird angeführt:

"(2) § 23 gilt nur im Spannungs- und Verteidigungsfall."

Die Zivildienstüberwachung (§ 23 ZDG) wird außerhalb des Spannungs- oder Verteidigungsfalls ausgesetzt. Die Änderung tritt am 1. Juli 2011 in Kraft **(Artikel 18 Absatz 2)**.

Artikel 5
Weitere Änderung des Zivildienstgesetzes für das Jahr 2012

§ 1a Absatz 2 des Zivildienstgesetzes in der Fassung der Bekanntmachung vom 17. Mai 2005 (BGBl I S. 1346, 2301), das zuletzt durch Artikel 4 dieses Gesetzes geändert worden ist, wird wie folgt gefasst:

"(2) § 2 Absatz 2 sowie die §§ 2a und 23 gelten nur im Spannungs- oder Verteidigungsfall.

Mit Blick auf die Möglichkeit, auf Wunsch bis zum 31. Dezember 2011 Zivildienst zu leisten, werden **§ 2 Absatz 2 und § 2a** erst zum 1. Januar 2012 (Artikel 18 Absatz 3) ausgesetzt. Da das Bundesamt fortbesteht und dem Bundesamt auch nach dem 31. Dezember 2011 Aufgaben der Zivildienstverwaltung verbleiben, wie z. B. finanzielle Abrechnungen nach § 6 ZDG, die Bearbeitung von Schadensersatzfällen und Zivildienstbeschädigungen, wird **§ 2 Absatz 1** nicht ausgesetzt.

Artikel 6
Änderung des Arbeitsgerichtsgesetzes

Das Arbeitsgerichtsgesetz in der Fassung der Bekanntmachung vom 2. Juli 1979 (BGBl. I S. 853, 1036), das zuletzt durch Artikel 9 Absatz 5 des Gesetzes vom 30. Juli 2009 (BGBl. I S. 2449) geändert worden ist, wird wie folgt geändert:

1. Nach § 2 Absatz 1 Nummer 8 wird folgende Nummer 8a eingefügt: „8a. bürgerliche Rechtsstreitigkeiten zwischen dem Bund oder den Einsatzstellen des Bundesfreiwilligendienstes oder deren Trägern und Freiwilligen nach dem Bundesfreiwilligendienstgesetz;“.

Diese Regelung entspricht § 2 Absatz 1 Nummer 8 ArbGG (§ 9 Nummer 2 JFDG) und hat ihren Grund in der besonderen Sachnähe der Arbeitsgerichte.

2. § 2a wird wie folgt geändert:
    a) Nach Absatz 1 Nummer 3c wird folgende Nummer 3d eingefügt: „3d. Angelegenheiten aus § 10 des Bundesfreiwilligendienstgesetzes;“.
    b) Die bisherigen Nummern 3d bis 3f werden die Nummern 3e bis 3g.

Artikel 7
Änderung des Dritten Buches Sozialgesetzbuch

Mit den Änderungen wird geregelt, dass die Vorschriften des Dritten Buches Sozialgesetzbuch, die für die Jugendfreiwilligendienste nach dem Jugendfreiwilligendienstegesetz gelten, auch für den Bundesfreiwilligendienst Anwendung finden.

Das Dritte Buch Sozialgesetzbuch - Arbeitsförderung - (Artikel 1 des Gesetzes vom 24. März 1997, BGBl. I S. 594, 595), das zuletzt durch

Artikel 12 Absatz 8 des Gesetztes vom 24. März 2011 (BGBl. I S. 453) geändert worden ist, wird wie folgt geändert:

1. In § 27 Absatz 2 Satz 2 Nummer 1 werden nach dem Wort "Jugend-freiwilligendienstegesetz" die Wörter ", nach dem Bundesfreiwilli-gendienstgesetz" eingefügt.

Die Regelung stellt sicher, dass trotz der geringfügigen Bezahlung während des Bundesfreiwilligendienstes Versicherungspflicht zur Arbeitsförderung besteht. Freiwillige des Bundesfreiwilligendienstes sind damit unabhängig von der Höhe des Arbeitsentgeltes in den Schutz der Arbeitsförderung einbezogen.

2. In § 130 Absatz 2 Satz 1 Nummer 2 werden nach dem Wort "Jugend-freiwilligendienstegesetzes" die Wörter "oder des Bundesfreiwilligen-dienstgesetzes" eingefügt.

Mit der Regelung wird wie bei den Jugendfreiwilligendiensten nach dem Jugendfreiwilligendienstegesetz sichergestellt, dass das während des Freiwilligendienstes erzielte atypische Entgelt nicht bei der Berechnung des Arbeitslosengeldes berücksichtigt wird. Das Arbeitslosengeld bestimmt sich in diesen Fällen vielmehr nach dem Arbeitsentgelt, dass der oder die Freiwillige im Bemessungsrahmen aus anderen Beschäftigungen erzielt hat. Hat der oder die Freiwillige kein anderes Arbeitsentgelt im Bemessungsrahmen erzielt, ist das Arbeitslosengeld nach dem künftig erzielbaren Arbeitsentgelt zu bemessen (§ 132).

3. § 344 Absatz 2 wird wie folgt geändert:

a) In Satz 1 werden die Wörter "ein freiwilliges soziales Jahr oder ein freiwilliges ökologisches Jahr" durch die Wörter "einen Freiwilligen-dienst" ersetzt und nach dem Wort "Jugendfreiwilligen-dienstegesetzes" die Wörter "oder des Bundesfreiwilligendienstgeset-zes" eingefügt.

b) In Satz 2 werden nach dem Wort "Jugendfreiwilligendienst" die Wörter "oder der Bundesfreiwilligendienst" eingefügt.

Für Freiwillige des Bundesfreiwilligendienstes, die zuvor eine versicherungspflichtige Beschäftigung ausgeübt haben, sind -wie für Freiwillige nach dem Jugendfreiwilligendienstegesetz - Beiträge nach Maßgabe der Bezugsgröße zu zahlen. Damit wird vermieden, dass für diesen Personenkreis in Hinblick auf die Höhe des Arbeitslosengeldes, das regelmäßig an das vor dem Freiwilligendienst erzielte Arbeitsentgelt anknüpft, unverhältnismäßig niedrige Beiträge zur Bundesagentur für Arbeit gezahlt werden.

Artikel 8
Änderung des Vierten Buches Sozialgesetzbuch

In § 20 Absatz 3 Satz 1 Nummer 2 des Vierten Buches Sozialgesetzbuch - Gemeinsame Vorschriften für die Sozialversicherung - in der Fassung der Bekanntmachung vom 12. November 2009 (BGBl. I S. 3710, 3973; 2011 I S. 363), das zuletzt durch Artikel 4 des Gesetzes vom 22. Dezember 2010 (BGBl. I S. 2309) geändert worden ist, werden nach dem Wort "Jugendfreiwilligendienstegesetzes" die Wörter "oder einen Bundesfreiwilligendienst nach dem Bundesfreiwilligendienstgesetz" eingefügt.

Die Regelung des **§ 20 Absatz 3 Satz 1 Nummer 2** wird um den Tatbestand des Bundesfreiwilligendienstes ergänzt.

Artikel 9
Änderung des Fünften Buches Sozialgesetzbuch

Das Fünfte Buch Sozialgesetzbuch - Gesetzliche Krankenversicherung - (Artikel 1 des Gesetzes vom 20. Dezember 1988, BGBl. I S. 2477, 2482), das zuletzt durch Artikel 12 Absatz 3 des Gesetzes vom 24. März 2011 (BGBl. I S. 453) geändert worden ist, wird wie folgt geändert:

1. § 7 Absatz 1 Satz 1 wird wie folgt geändert:
    a) In Nummer 2 wird der Punkt am Ende durch ein Komma ersetzt.
    b) Folgende Nummer 3 wird angefügt: "3. nach dem Bundesfreiwilligendienstgesetz."

2. In § 10 Absatz 2 Nummer 3 werden nach dem Wort "Jugendfreiwilligendienstegesetzes" die Wörter "oder Bundesfreiwilligendienst nach dem Bundesfreiwilligendienstgesetz" eingefügt.

Die Freiwilligen des Bundesfreiwilligendienstes und die Freiwilligen der Jugendfreiwilligendienste werden sozialversicherungsrechtlich gleichgestellt. Mit den Änderungen wird geregelt, dass die Vorschriften des Fünften Buches Sozialgesetzbuch, die für die Jugendfreiwilligendienste nach dem Jugendfreiwilligendienstegesetz gelten, auch für den Bundesfreiwilligendienst gelten.

Artikel 10
Änderung des Sechsten Buches Sozialgesetzbuch

Die Freiwilligen des Bundesfreiwilligendienstes und die Freiwilligen der Jugendfreiwilligendienste werden sozialversicherungsrechtlich gleichgestellt. Mit den Änderungen wird geregelt, dass die Vorschriften des Sechsten Buches Sozialgesetzbuch, die für die Jugendfreiwilligendienste nach dem Jugendfreiwilligendienstegesetz gelten, auch für den Bundesfreiwilligendienst gelten.

Das Sechste Buch Sozialgesetzbuch -Gesetzliche Rentenversicherung - in der Fassung der Bekanntmachung vom 19. Februar 2002 (BGBl. I S. 754, 1404, 3384), das zuletzt durch Artikel 12 Absatz 4 des Gesetzes vom 24. März 2011 (BGBl. I S. 453) geändert worden ist, wird wie folgt geändert:

1. In § 5 Absatz 2 Satz 3 werden nach dem Wort "Jugendfreiwilligendienstegesetz" die Wörter ", nach dem Bundesfreiwilligendienstgesetz im Rahmen des Bundesfreiwilligendienstes" eingefügt.

Trotz der geringfügigen Bezahlung besteht während des Freiwilligendienstes Versicherungspflicht in der gesetzlichen Rentenversicherung.

2. § 48 wird wie folgt geändert:
    a) In Absatz 4 Satz 1 Nummer 2 Buchstabe c werden nach dem Wort "Jugendfreiwilligendienstegesetzes" die Wörter "oder den Bundesfreiwilligendienst nach dem Bundesfreiwilligendienstgesetz" eingefügt.
    b) In Absatz 5 Satz 2 werden die Wörter "sozialen oder ökologischen Jahres" durch das Wort "Dienstes" ersetzt.

Die Regelung stellt sicher, dass während des Freiwilligendienstes die Zahlung einer Waisenrente nicht unterbrochen wird.

Artikel 11
Änderung des Siebten Buches Sozialgesetzbuch

Die Freiwilligen des Bundesfreiwilligendienstes und die Freiwilligen der Jugendfreiwilligendienste werden sozialversicherungsrechtlich gleichgestellt. Mit den Änderungen wird geregelt, dass die Vorschriften des Siebten Buches Sozialgesetzbuch, die für die Jugendfreiwilligendienste nach dem Jugendfreiwilligendienstegesetz gelten, auch für die Dienste nach dem Bundesfreiwilligendienstgesetz (Bundesfreiwilligendienst, Internationaler Jugendfreiwilligendienst) gelten. Die Freiwilligen sind als Beschäftigte in der gesetzlichen Unfallversicherung geschützt. Zugleich wird gesetzlicher

Unfallversicherungsschutz für die Teilnehmer am Internationalen Jugendfreiwilligendienst nach der Richtlinie "Internationaler Jugendfreiwilligendienst" des Bundesministeriums für Familie, Senioren, Frauen und Jugend begründet.

Das Siebte Buch Sozialgesetzbuch - Gesetzliche Unfallversicherung - (Artikel 1 des Gesetzes vom 7. August 1996, BGBl. I S. 1254), das zuletzt durch Artikel 12 Absatz 5 des Gesetzes vom 24. März 2011 (BGBl. I S. 453) geändert worden ist, wird wie folgt geändert:

1. Dem § 2 Absatz 3 Satz 1 Nummer 2 wird folgender Buchstabe angefügt:
    "c) einen Internationalen Jugendfreiwilligendienst im Sinne der Richtlinie Internationaler Jugendfreiwilligendienst des Bundesministeriums für Familie, Senioren, Frauen und Jugend vom 20. Dezember 2010 (GMBl. S. 1778) leisten,".

Durch die Erweiterung der Vorschrift erhalten nunmehr auch die Teilnehmerinnen und Teilnehmer eines internationalen Freiwilligendienstes, der von der Richtlinie "Internationaler Jugendfreiwilligendienst" des Bundesministeriums für Familie, Senioren, Frauen und Jugend erfasst ist, umfassenden gesetzlichen Unfallversicherungsschutz. Das besondere Engagement der jungen Menschen, das sich in der Übernahme eines solchen Dienstes zeigt, erfährt damit Anerkennung sowie den Schutz der Solidargemeinschaft. Die Einbeziehung in den Schutz der gesetzlichen Unfallversicherung ist insbesondere erforderlich im Hinblick auf die mit der Tätigkeit im Ausland einhergehenden gesteigerten Gefährdungsrisiken, die besondere Anforderungen an die Prävention stellen. Da es sich zudem um einen Dienst handelt, der festen Rahmenbedingungen unterliegt und regelmäßig mit öffentlichen Mitteln gefördert wird, ist die Erweiterung zugunsten der jungen Menschen, die im Rahmen eines Internationalen Jugendfreiwilligendienstes im Sinne der Richtlinie des Bundesministeriums für Familie, Senioren, Frauen und Jugend Aufgaben im Ausland übernehmen, gerechtfertigt.

2. § 67 wird wie folgt geändert:
    a) In Absatz 3 Satz 1 Nummer 2 Buchstabe c werden nach dem Wort "Jugendfreiwilligendienstegesetzes" die Wörter "oder einen Dienst nach dem Bundesfreiwilligendienstgesetz" eingefügt.
    b) In Absatz 4 Satz 2 werden die Wörter "freiwilligen sozialen oder ökologischen Jahres" durch das Wort "Dienstes" ersetzt.

Die Regelung stellt sicher, dass während des Freiwilligendienstes nach dem Bundesfreiwilligendienstgesetz die Zahlung einer Waisenrente nicht unterbrochen wird.

3. In § 82 Absatz 2 Satz 2 werden die Wörter "beim Ableisten eines freiwilligen sozialen oder ökologischen Jahres" durch die Wörter "bei einem Dienst nach dem Jugendfreiwilligendienstegesetz oder dem Bundesfreiwilligendienstgesetz" ersetzt.

Durch die Regelung wird erreicht, dass auch für Teilnehmer eines Bundesfreiwilligendienstes - ebenso wie für Teilnehmer eines Jugendfreiwilligendienstes - eine Günstigkeitsregelung bei der Rentenermittlung Anwendung findet.

4. § 136 Absatz 3 wird wie folgt geändert:
   a) In Nummer 6 werden nach dem Wort "Jugendfreiwilligendienstegesetz" die Wörter "oder einem internationalen Jugendfreiwilligendienst nach § 2 Absatz 3 Satz 1 Nummer 2 Buchstabe c" eingefügt und der Punkt am Ende durch ein Komma ersetzt.
   b) Nach Nummer 6 wird folgende Nummer 7 angefügt: "7. bei einem Dienst nach dem Bundesfreiwilligendienstgesetz die Einsatzstelle.".

Die Vorschrift legt fest, wer Unternehmer im Sinne des Unfallversicherungsrechts ist. Dies ist im Fall des internationalen Jugendfreiwilligendienstes der Träger, im Fall des Dienstes nach dem Bundesfreiwilligendienstgesetzes die jeweilige Einsatzstelle.

Artikel 12
Änderung des Elften Buches Sozialgesetzbuch

§ 25 Absatz 2 Nummer 3 des Elften Buches Sozialgesetzbuch -Soziale Pflegeversicherung durch Artikel 12 Absatz 7 des Gesetzes vom 24. März 2011 (BGBl. I S. 453) geändert worden ist, wird wie folgt gefasst:

"3. bis zur Vollendung des 25. Lebensjahres, wenn sie sich in Schul- oder Berufsausbildung befinden oder ein freiwilliges soziales Jahr oder ein freiwilliges ökologisches Jahr im Sinne des Jugendfreiwilligendienstegesetzes oder Bundesfreiwilligendienst leisten; wird die Schul- oder Berufsausbildung durch Erfüllung einer gesetzlichen Dienstpflicht des Kindes unterbrochen oder verzögert, besteht die Versicherung auch für einen der Dauer dieses Dienstes entsprechenden Zeitraum über das 25. Lebensjahr hinaus,".

Die Freiwilligen des Bundesfreiwilligendienstes und die Freiwilligen der Jugendfreiwilligendienste werden sozialversicherungsrechtlich gleichgestellt. Mit den Änderungen wird geregelt, dass die Vorschriften des Elften Buches Sozialgesetzbuch, die für die Jugendfreiwilligendienste nach dem Jugendfreiwilligendienstegesetz gelten, auch für den Bundesfreiwilligendienst gelten.

Artikel 13
Änderung des Bundesbeamtengesetzes

§ 54 Absatz 1 Nummer 6 des Bundesbeamtengesetzes vom 5. Februar 2009 (BGBl. I S. 160), das durch Artikel 11 des Gesetzes vom 19. November 2010 (BGBl. I S. 1552) geändert worden ist, wird aufgehoben.

Die Änderung ist Folge der Aussetzung der gesetzlichen Pflicht, Zivildienst zu leisten, und der daraus folgenden Aussetzung der Berufung eines oder einer Bundesbeauftragten für den Zivildienst.

Artikel 14
Änderung des Beamtenversorgungsgesetzes

Dem § 61 Absatz 2 des Beamtenversorgungsgesetzes in der Fassung der Bekanntmachung vom 24. Februar 2010 (BGBl. I S. 150), das durch den Artikel 10 des Gesetzes vom 19. November 2010 (BGBl. S. 1552) geändert worden ist, wird folgender Satz angefügt:
"Das Waisengeld wird nach Vollendung des 18. Lebensjahres auf Antrag auch dann gewährt, wenn die Waise vor Ablauf des Monats, in dem sie das 27. Lebensjahr vollendet, entweder den Bundesfreiwilligendienst nach dem Bundesfreiwilligendienstgesetz leistet oder sich in einer Übergangszeit von höchstens vier Monaten zwischen einem Ausbildungsabschnitt und der Ableistung des Bundesfreiwilligendienstes nach dem Bundesfreiwilligendienstgesetz befindet."

Im Gleichklang mit den rentenrechtlichen Regelungen zur Waisenrente werden die Freiwilligen des Bundesfreiwilligendienstes in die Regelungen des § 61 des Beamtenversorgungsgesetzes zur Waisenrente aufgenommen.

Artikel 15
Änderung des Bundesbesoldungsgesetzes

Die Anlage I (Bundesbesoldungsordnungen A und B) des Bundesbesoldungsgesetzes in der Fassung der Bekanntmachung vom 19. Juni 2009 (BGBl. I S. 1434), das zuletzt durch Artikel 11 des Gesetzes vom 28. April 2011 (BGBl I S. 678) geändert worden ist, wird wie folgt geändert:

1. In der Besoldungsgruppe B 5 wird die Amtsbezeichnung "Präsident des Bundesamtes für den Zivildienst" durch die Amtsbezeichnung

"Präsident des Bundesamtes für Familie und zivilgesellschaftliche Aufgaben" ersetzt.

Folgeänderung zu Artikel 1 § 14 Absatz 1 Satz 2 (Umbenennung des Bundesamtes für den Zivildienst).

2. In der Besoldungsgruppe B 6 wird die Amtsbezeichnung "Bundesbeauftragter für den Zivildienst" gestrichen.

Folgeänderung zu Artikel 5 (Aussetzung der Berufung eines oder einer Bundesbeauftragten für den Zivildienst).

Artikel 16
Änderung des Soldatenversorgungsgesetzes

Dem § 59 Absatz 2 des Soldatenversorgungsgesetzes in der Fassung der Bekanntmachung vom 16. September 2009 (BGBl. I S. 3054), das zuletzt durch Artikel 8 des Gesetzes vom 28. April 2011 (BGBl. I S. 678) geändert worden ist, wird folgender Satz angefügt:

"Das Waisengeld wird nach Vollendung des 18. Lebensjahres auf Antrag auch dann gewährt, wenn die Waise vor Ablauf des Monats, in dem sie das 27. Lebensjahr vollendet, entweder den Bundesfreiwilligendienst nach dem Bundesfreiwilligendienstgesetz leistet oder sich in einer Übergangszeit von höchstens vier Monaten zwischen einem Ausbildungsabschnitt und der Ableistung des Bundesfreiwilligendienstes nach dem Bundesfreiwilligendienstgesetz befindet."

Die Begründung zu Artikel 14 gilt entsprechend.

Artikel 17
Änderung der Arbeitslosengeld II/Sozialgeld - Verordnung

§ 1 Absatz 1 Nummer 13 der Arbeitslosengeld II/Sozialgeld-Verordnung vom 17. Dezember 2007 (BGBl. I S. 2942), die zuletzt durch Artikel 12 Absatz 7 des Gesetzes vom 24. März 2011 (BGBl. I S. 453) geändert worden ist, wird wie folgt gefasst:

"13. vom Taschengeld nach § 2 Absatz 1 Nummer 3 des Jugendfreiwilligendienstegesetzes oder § 2 Nummer 4 des Bundesfreiwilligendienstgesetzes, das ein Teilnehmer an einem Jugendfreiwilligendienst oder Bundesfreiwilligendienst erhält, ein Betrag in Höhe von 60 Euro."

Mit der Regelung soll die Motivation von Personen, die Arbeitslosengeld beziehen, gestärkt werden, an einem Bundesfreiwilligendienst teilzunehmen. Analog der bisher geltenden Regelung für Jugendfreiwilligendienste werden von dem Taschengeld nach § 2 Nummer 4 BFDG 60 Euro nicht auf die Leistungen der Grundsicherung für Arbeitsuchende angerechnet. Hinzu kommen die weiteren Absetzbeträge vom Einkommen nach dem Zweiten Buch Sozialgesetzbuch.

Artikel 18
Inkrafttreten

(1) Dieses Gesetz tritt vorbehaltlich der Absätze 2 und 3 am Tag nach der Verkündung in Kraft.

(2) Artikel 1 § 17 Absatz 3 sowie die Artikel 2 und 4 treten am 1. Juli 2011 in Kraft.

(3) Artikel 5 tritt am 1. Januar 2012 in Kraft.

Die gespaltenen Inkrafttretensregelungen stellen sicher, dass unmittelbar mit dem Inkrafttreten des Gesetzes mit dem Aufbau des Bundesfreiwilligendienstes begonnen werden kann, die Bezuschussung aber nicht vor dem 1. Juli 2011 einsetzt. Die Pflicht zur Ableistung des Zivildienstes wird gleichzeitig mit der Pflicht zur Ableistung des Grundwehrdienstes ausgesetzt. Auf freiwilliger Basis, insbesondere durch bereits vor Inkrafttreten des Gesetzes einberufene Zivildienstleistende, kann aber der Zivildienst bis zum 31. Dezember 2011 geleistet werden. Dies ist aus Gründen des Vertrauensschutzes und der Planungssicherheit erforderlich.

III. Hinweise zum BFD von A bis Z

(Herausgegeben vom Bundesministerium für Familie, Senioren, Frauen und Jugend; ergänzt durch caritasrelevante Hinweise und Erläuterungen)

A

Ältere

Von Frauen und Männern ab 27 Jahren kann der Bundesfreiwilligendienst auch in Teilzeit von mehr als 20 Stunden pro Woche geleistet werden. Sie nehmen an den Seminaren in angemessenem Umfang teil. Eine Verpflichtung zur Teilnahme an einem fünftägigen Seminar zur politischen Bildung an einem Bildungszentrum des Bundes (ehemalige Zivildienstschule) besteht im Gegensatz zu jüngeren Freiwilligen nicht.

Altersgrenze

Am Bundesfreiwilligendienst können Frauen und Männer unabhängig von ihrem Schulabschluss teilnehmen, sofern sie die Vollzeitschulpflicht erfüllt haben (je nach Bundesland mit 16, manchmal auch schon mit 15 Jahren). Eine Altersgrenze nach oben gibt es nicht.

ALG II

ALG II - Empfänger können grundsätzlich am Bundesfreiwilligendienst teilnehmen, da der Bezug der Grundsicherung für Arbeitssuchende - das sogenannte Arbeitslosengeld II - dies nicht grundsätzlich ausschließt. Entsprechend der Handhabung beim bereits bestehenden Jugendfreiwilligendienst (FSJ/FÖJ) soll vom Taschengeld, das ein Teilnehmer am Bundesfreiwilligendienst erhält, ein Betrag in Höhe von 60 Euro nicht als zu berücksichtigende Einnahme gelten. Dieser Betrag soll somit nicht auf das Arbeitslosengeld II angerechnet werden.

Außerdem kann ein volljähriger Hilfebedürftiger vom Einkommen in der Regel nach § 11b Absatz 1 Satz 1 Nummer 3 SGB II i.V.m. § 6 der ALG II-V einen Betrag in Höhe von 30 Euro monatlich für die Beiträge zu privaten Versicherungen sowie gegebenenfalls Beiträge für gesetzlich vorgeschriebene Versicherungen, wie z.B. eine Kfz-Haftpflichtversicherung absetzen.

Wer in eine staatlich geförderte Altersvorsorge in Form der „Riester-Rente" einzahlt, kann die Beiträge bis zur Höhe des Mindesteigenbeitrags absetzen. Dieser liegt seit 2008 bei vier Prozent des Jahreseinkommens, mindestens jedoch fünf Euro im Monat. Über den Mindesteigenbeitrag hinaus gezahlte Beiträge können nicht berücksichtigt werden. Die genannten Beträge können nebeneinander geltend gemacht, also addiert werden. Bleibt dann noch etwas vom Taschengeld übrig, wird es auf den ALG-II-Anspruch angerechnet. Siehe auch Verpflegung.

Wegen der vom Gesetz vorgesehenen Gleichbehandlung beider Freiwilligendienste ist zudem die Teilnahme an einem Bundesfreiwilligendienst wie beim Jugendfreiwilligendienst als wichtiger persönlicher Grund anzusehen, der der Ausübung einer Arbeit entgegensteht (vgl. § 10 Absatz 1 Nummer 5 SGB II), sodass ein Bezieher von Arbeitslosengeld II, der am Bundesfreiwilligendienst teilnimmt, in dieser Zeit nicht verpflichtet ist, eine Arbeit aufzunehmen. Ob und in welchem Umfang dennoch bestimmte Aktivitäten, wie z.B. Bewerbungen, vereinbart werden können, richtet sich nach den konkreten Umständen des Einzelfalls.

Anerkennung von Einsatzstellen und -plätzen

Der Antrag auf Anerkennung von Einsatzstellen und -plätzen im Bundesfreiwilligendienst ist beim Bundesamt zu stellen (Vordruck siehe Anlage). Alle anerkannten Beschäftigungsstellen und Dienstplätze des Zivildienstes gelten als anerkannte Einsatzstellen und -plätze des Bundesfreiwilligendienstes. Diese bisherigen Zivildienststellen müssen daher zunächst nichts unternehmen, sie sind automatisch für den Bundesfreiwilligendienst anerkannt. Sie müssen sich nur einer Zentralstelle anschließen und um Freiwillige werben. Beschäftigungsstellen im katholischen Bereich haben sich in jedem Fall mit dem für sie zuständigen diözesanen bzw. überregionalen Träger ins Benehmen zu setzen.

Anlaufstellen

Auf der Caritas-Homepage gibt es eine Landkarte der Bundesrepublik mit den Kontaktdaten der jeweils zuständigen Anlaufstelle. (http://www.caritas.de/spendeundengagement/engagieren/freiwilligendienste/bundesfreiwilligendienst/bfdadressen.aspx). Ebenfalls auf der Caritas-Homepage gibt es die Jobbörse mit Stellenangeboten in ganz Deutschland. Dort können Einsatzstellen auch freie Plätze in Freiwilligendiensten einstellen. Hier erfolgt eine Verlinkung mit der Homepage der bundeszentralen Träger BDKJ und DCV auf www.freiwilliges-jahr.de.

Unter www.bundesfreiwilligendienst.de hat auch der Bund eine Platzbörse eingerichtet. Interessierte können aber selbstverständlich auch selbst Einsatzstellen oder Träger ansprechen.

Anleitung

Die Einsatzstelle ist verpflichtet, eine Fachkraft für die fachliche Anleitung der Freiwilligen zu benennen. Sie sichert die Unterstützung und Beratung der Freiwilligen, vermittelt ihnen Kenntnisse, Fähigkeiten und Kompetenzen für den Arbeitsalltag und den Ausbildungs- und Berufsweg. Wichtig für die Beteiligung der Freiwilligen in der Einsatzstelle sind zudem regelmäßige Gespräche und die Integration in Teamberatungen.

Arbeitskleidung

Siehe unter L wie Leistungen.

Für ALG-II-Empfänger/-innen gilt Folgendes: Wird die Arbeitskleidung als Sachleistung zur Verfügung gestellt, hat dies keine Auswirkungen auf den ALG-II-Anspruch. Wird statt der Sachleistung eine Geldersatzleistung gezahlt, können die Ausgaben für Arbeitskleidung als Werbungskosten vom Einkommen abgesetzt werden und mindern damit den Anrechnungsbetrag. Es ist also wichtig, die Belege zu sammeln, damit die konkreten Aufwendungen gegenüber dem Jobcenter nachgewiesen werden können.

Arbeitslosengeld

Beiträge der Arbeitslosenversicherung müssen grundsätzlich für alle Freiwilligen abgeführt werden, die das maßgebende Lebensalter für eine Regelaltersrente noch nicht vollendet haben. Bei Freiwilligen, die das Lebensalter für eine Regelaltersrente bereits vollendet haben, hat die Einsatzstelle ihren "Arbeitgeberanteil" abzuführen.

Wer zwölf Monate einen Bundesfreiwilligendienst leistet, hat einen Anspruch auf Arbeitslosengeld. Während des Bundesfreiwilligendienstes zahlt die Einsatzstelle mit den Sozialabgaben auch in die Arbeitslosenversicherung ein. Für Bezieher von Arbeitslosengeld II gilt grundsätzlich, dass ein Betrag in Höhe von 60 Euro des Taschengeldes, eine allgemeine Versorgungspauschale in Höhe von 30 Euro sowie notwendige Ausgaben wie zum Beispiel Fahrtkosten mit Quittungsvorlage von der Anrechnung ausgenommen sind (siehe auch ALG II).

Arbeitsmarktneutralität

Der Bundesfreiwilligendienst wird arbeitsmarktneutral ausgestaltet. Die Freiwilligen verrichten unterstützende, zusätzliche Tätigkeiten und ersetzen keine hauptamtlichen Kräfte. Die Arbeitsmarktneutralität ist immer dann gegeben, wenn durch den Einsatz von Freiwilligen im Bundesfreiwilligendienst die Einstellung von neuen Beschäftigten nicht verhindert wird und keine Kündigung von Beschäftigten erfolgt. Die Arbeitsmarktneutralität wird vor Anerkennung jedes einzelnen Einsatzplatzes sichergestellt und ständig von den Regionalbetreuerinnen und Regionalbetreuern des Bundesamtes vor Ort kontrolliert.

Arbeitsschutz

Obwohl das Verhältnis zwischen den Freiwilligen und der Einsatzstelle kein Arbeitsverhältnis ist, wird der freiwillige Dienst hinsichtlich der öffentlich-rechtlichen Schutzvorschriften weitgehend einem Arbeitsverhältnis gleichgestellt. Entsprechend gelten die einschlägigen Arbeitsschutzbestimmungen, wie zum Beispiel das Arbeitsschutzgesetz, die Arbeitsstättenverordnung, das Jugendarbeitsschutzgesetz, das Mutterschutzgesetz und das Schwerbehindertengesetz.

Ärztliche Untersuchung

Ob für Freiwillige eine ärztliche Untersuchung vor Dienstantritt notwendig ist, hängt von dem jeweiligen Einsatzbereich ab. Insbesondere bei einer Arbeit im Krankenhaus/ Pflegeheim können vor Dienstantritt ärztliche Untersuchungen bzw. Vorsorgemaßnahmen notwendig sein. Diese arbeitsmedizinischen Untersuchungen werden von der Einsatzstelle veranlasst; diese trägt auch die entstehenden Kosten.

Ausländische Freiwillige

Selbstverständlich ist die Beteiligung von Freiwilligen aus dem Ausland im Bundesfreiwilligendienst möglich. Eine Arbeitsgenehmigung ist nicht erforderlich. Allerdings ist ein Aufenthaltstitel notwendig, der zu einer Erwerbstätigkeit berechtigt. Gem. § 18 Aufenthaltsgesetz ist es möglich, Freiwilligen aus dem Ausland speziell für die Teilnahme am Bundesfreiwilligendienst eine Aufenthaltserlaubnis zu erteilen.

Ausland

Der BFD kann nicht im Ausland absolviert werden. Für deutsche Freiwillige, die einen Freiwilligendienst im Ausland leisten möchten, steht z.B. der speziell dafür ausgestaltete Internationale Jugendfreiwilligendienst zur Verfügung. Der wichtigste Unterschied zum Bundesfreiwilligendienst sind die Versicherungen. Besonders im außereuropäischen Ausland (z.B. Ghana, Indonesien etc.) ist eine deutsche Krankenversicherung nicht ausreichend, sondern der Freiwillige benötigt eine Auslandskrankenversicherung. Deswegen passt die Ausgestaltung des Bundesfreiwilligendienstes nicht auf Auslandsaufenthalte.

Weitere Alternativen zum BFD im Ausland:

FSJ und FÖJ im Ausland:

Sowohl das FÖJ wie auch das FSJ im Ausland unterliegen nahezu den gleichen Regeln wie das FSJ in Deutschland. Sie können in allen Ländern weltweit abgeleistet werden.

IJFD – Internationaler Jugendfreiwilligendienst:

Da der BFD im Ausland leider nicht möglich ist, wurde zusammen mit dem Bundesfreiwilligendienst der IJFD eingeführt. Der Einsatz ist weltweit möglich.

Weltwärts:

Weltwärts ist die wohl größte und bekannteste Form des Auslandsfreiwilligendienstes, der jedoch auf Entwicklungsländer beschränkt ist. Es ist ein sehr stark gefördertes Programm des BMZ (Bundesministerium für wirtschaftliche Entwicklung und Zusammenarbeit).

EFD – Europäische Freiwilligendienst:

Der EFD konzentriert sich auf Projekte in Europa und bietet Freiwilligen die Möglichkeit für mind. 6 Monate im europäischen Ausland zu arbeiten.

Ausweis

Die Freiwilligen im BFD sollen einen Ausweis erhalten, der beispielsweise bei Vorlage zu ermäßigten Eintrittspreisen berechtigt. Für die Ausstellung dieser Ausweise ist das Bundesamt für Familie und zivilgesellschaftliche Aufgaben (BAFzA) zuständig. Nach Möglichkeit soll es für FSJ/FÖF und BFD einen einheitlichen Ausweis geben.

B

Bescheinigung

Die Einsatzstelle stellt den Freiwilligen nach Abschluss des Dienstes eine Bescheinigung über die Teilnahme aus (siehe auch Z wie Zeugnis). Es wird empfohlen, in dieser Bescheinigung auch die Teilnahme an den vorgeschriebenen bzw. in der BFD-Vereinbarung fixierten Bildungstagen/Seminaren aufzuführen und zu bestätigen.

Bewerbung

Wer sich für den Bundesfreiwilligendienst bewerben möchte, wendet sich an eine anerkannte Einsatzstelle oder einen Träger. Diese informieren über die verschiedenen Einsatzbereiche und sind in der Regel insgesamt für den Bewerbungsprozess zuständig. Die Träger begleiten auch den Abschluss der BFD-Vereinbarung. Die Verträge werden dann an das Bundesamt für

Familie und zivilgesellschaftliche Aufgaben (BAFzA) weitergeleitet, da Vertragspartner der Bund ist.

Zudem besteht die Möglichkeit, online freie Plätze zu finden (siehe: Anlaufstellen).

Die Anforderungen an das Bewerbungsverfahren sind unterschiedlich. Die Bewerbung sollte einen ausführlichen Lebenslauf enthalten sowie die Motive, die für die Wahl des BFD bei dem bestimmten Träger und der bestimmten Einsatzstelle ausschlaggebend waren. Zudem sollte die gewünschte Dauer angegeben werden, ebenso Vorerfahrungen, Schulbildung, körperliche Einschränkungen, u.U. besondere Wünsche oder Hobbies. Ein Foto ist grs. nicht notwendig, jedoch freuen sich viele Einsatzstellen darüber.

Bewerbungsfristen

Die Bewerbungsfristen für die Teilnahme an einem Bundesfreiwilligendienst sind nicht bei allen Einsatzstellen gleich. Es ist deshalb empfehlenswert, sich frühzeitig an die jeweiligen Einsatzstellen zu wenden.

D

Datenschutz

Die Einsatzstellen, Zentralstellen und Träger dürfen personenbezogene Daten, die Bestandteil der Vereinbarung sind (§ 8 Abs. 1 Satz 2 BFDG), erheben, verarbeiten und nutzen, soweit dies für die Durchführung des BFDG erforderlich ist.

Dauer

Der Bundesfreiwilligendienst wird in der Regel für zwölf zusammenhängende Monate, mindestens jedoch sechs und höchstens 18 Monate geleistet. Im Rahmen des pädagogischen Gesamtkonzeptes kann die Einsatzstelle den Freiwilligendienst in Blöcken mit mindestens dreimonatiger Dauer anbieten. Im Ausnahmefall und wenn dies im Rahmen eines pädagogischen Konzeptes begründet ist kann der Bundesfreiwilligendienst bis zu 24 Monate dauern. Mehrere verschiedene, mindestens sechsmonatige Freiwilligendienste können bis zu einer Höchstdauer von 18 Monaten kombiniert werden. Das bedeutet, dass in diesem Rahmen der Bundesfreiwilligendienst bei verschiedenen Einsatzstellen und in verschiedenen Einsatzfeldern geleistet werden kann.

E

Einsatzfelder

Der Bundesfreiwilligendienst wird als überwiegend praktische Hilfstätigkeit in gemeinwohlorientierten Einrichtungen geleistet, insbesondere in
Einrichtungen der Kinder- und Jugendhilfe, einschließlich der Einrichtungen für außerschulische Jugendbildung und Jugendarbeit, in Einrichtungen
der Wohlfahrts-, Gesundheits- und Altenpflege, der Behindertenhilfe, der
Kultur- und Denkmalpflege, des Sports, der Integration, des Zivil- und
Katastrophenschutzes und in Einrichtungen, die im Bereich des Umweltschutzes einschließlich des Naturschutzes und der Bildung zu Nachhaltigkeit tätig sind.

Einsatzstelle

Die Einrichtung, in der die Freiwilligen arbeiten, ist die Einsatzstelle. Sie
ist unter anderem für die fachliche und persönliche Begleitung der Freiwilligen und alle Fragen der konkreten Arbeit zuständig (vgl. § 6 BFDG).
Bundesfreiwilligendienst-Einsatzstellen sind zum Beispiel Krankenhäuser,
Altersheime, Kinderheime, Kindertagesstätten und Schulen, Jugendein-
richtungen, Erholungsheime, Mehrgenerationenhäuser und Selbsthilfe-
gruppen, Sportvereine, Museen und andere Kultureinrichtungen, Einrichtungen der Behindertenhilfe oder des Zivil- und Katastrophenschutzes.

Einsatzzeit

Sie richtet sich nach den Arbeitszeiten der jeweiligen Einsatzstelle. Grundsätzlich handelt es sich bei einem Bundesfreiwilligendienst um einen
ganztägigen Dienst. Für Frauen und Männer über 27 Jahren ist auch ein
Teilzeitdienst von mehr als 20 Stunden wöchentlich möglich. Bei Jugendlichen unter 18 Jahren gelten die Schutzvorschriften des Jugendarbeitsschutzgesetzes (zum Beispiel keine Nachtarbeit, längere Urlaubszeit, ge-
sonderte Pausenregelungen). Die Seminarzeit gilt als Arbeitszeit.

F

Fahrtkosten

Die Einsatzstellen haben die Möglichkeit, im Rahmen einer Taschengeldregelung einen Teil des Taschengeldes nicht monatlich in bar, sondern in
Sachleistungen, etwa einer BahnCard oder ÖPNV-Ticket vorzusehen.
Ermäßigungen im Straßenpersonenverkehr und Eisenbahnverkehr gelten
ebenso wie im Jugendfreiwilligendienst auch im Bundesfreiwilligendienst.

Für ALG-II-Empfänger/-innen gilt Folgendes: Für ALG-II-Empfänger/-innen hat es einen Vorteil, wenn die Fahrtkosten zur Einsatzstelle mit dem Taschengeld abgegolten sind; denn wer sich vom Taschengeld zum Beispiel eine Monatskarte kauft, kann diese Kosten absetzen, womit sich der Anrechnungsbetrag mindert. Wie beschrieben, können die Fahrtkosten auch als Sachleistung gewährt werden. Dann wird der Geldwert zum restlichen Einkommen des/der ALG-II-Empfängers/-in hinzugezählt, begrenzt auf den Anteil, der im Regelbedarf dafür vorgesehen ist. In diesem Fall können die Kosten nicht abgesetzt werden, d.h. der Anrechnungsbetrag fällt höher aus.

Familienversicherung

Siehe K wie Krankenversicherung.

G

Gesetz

Gesetzliche Grundlage für den Bundesfreiwilligendienst ist das Bundesfreiwilligendienstgesetz.

K

Kindergeld

Anders als im FSJ oder im FÖJ ist die Kindergeldberechtigung im BFD noch nicht gesetzlich geregelt. Ein entsprechendes Gesetz ist in Vorbereitung und soll Anfang November 2011 verabschiedet werden.

Es ist vorgesehen, dass im Bundesfreiwilligendienst künftig Kindergeld gezahlt wird. Wie bei den Jugendfreiwilligendiensten wird auch die Zahlung des Kindergeldes für Freiwillige des Bundesfreiwilligendienstes, die jünger als 25 Jahre alt sind, gesetzlich geregelt werden.

Um betroffenen Freiwilligen bzw. deren Eltern eine gewisse Planungssicherheit zu geben, hat das Bundeszentralamt für Steuern am 24.6.2011 an alle Familienkassen ein Schreiben herausgegeben (siehe Anlage). Dies ist auch im Bundessteuerblatt veröffentlicht worden. Bei der Kindergeldberechtigung – auch im Vorfeld der beabsichtigten gesetzlichen Regelung – ist eine differenzierte Betrachtung der jeweils individuellen familiären Situation erforderlich. Bezogen auf der Personenkreis der im Öffentlichen Dienst Beschäftigten haben sich das Bundesministerium für Familie, Senioren, Frauen und Jugend (BMFSFJ) und das Bundesministerium des Innern (BMI) auf folgende abgestimmte Sprachregelung verständigt:

„Es muss differenziert werden einerseits zwischen den Beamten (Bund, Land und Kommune) und den Angestellten Bund, Land und Kommune). Für den Bereich der Bundesbeamten sowie der Angestellten beim Bund liegen folgende Stellungnahmen des BMI vor, die als Sprachregelung verwendet werden können:

a) Angestellte des Bundes:
Besitzstandszulage für kinderbezogene Entgeltbestandteile nach § 11 TVÜ-Bund
Sofern nach Abschluss des laufenden Steuergesetzgebungsverfahrens die rückwirkende Kindergeldzahlung ab Dienstbeginn im Bundesfreiwilligendienst nahtlos an die vorhergehende Kindergeldzahlung anschließt, ist dies nach Angaben des BMI für die Wahrung des tariflichen Anspruchs auf die Besitzstandszulage für kinderbezogene Entgeltbestandteile nach § 11 TVÜ-Bund unproblematisch. Allerdings werde die Zahlung der tariflichen Besitzstandszulage analog der Verfahrensweise beim Kindergeld ebenfalls erst rückwirkend erfolgen können.

Wegen der insoweit textidentischen Regelungen in den Tarifverträgen der Vereinigung der kommunalen Arbeitgeberverbände (VKA) und der Tarifgemeinschaft deutscher Länder (TdL) geht das BMI nicht davon aus, dass dort eine andere Auffassung vertreten werde.

b) Beamte des Bundes
Familienzuschläge
Nach Angaben des BMI besteht gemäß § 40 Abs. 2 und 3 BBesG Anspruch auf die Kinderanteile im Familienzuschlag, wenn die Beamtin oder der Beamte einen Anspruch auf Kindergeld nach dem EStG/BKGG hat. Dies gelte auch für eine zurückliegende Zeit, wenn der Anspruch auf Kindergeld durch eine rückwirkende Gesetzesänderung entstehe. Die Familienzuschläge würden für die Zeit der nachträglichen Kindergeldbewilligung nachgezahlt."

Anlage: Schreiben des Bundeszentralamts für Steuern vom 24.6.2011

Familienleistungsausgleich;
Kindergeldrechtliche Berücksichtigung des Bundesfreiwilligendienstes und des Internationalen Jugendfreiwilligendienstes

Mit der Richtlinie des Bundesministeriums für Familie, Senioren, Frauen und Jugend zur Umsetzung des „Internationalen Jugendfreiwilligendienstes" vom 20.12.2010 (GMBl S. 1778) und dem Gesetz zur Einführung eines Bundesfreiwilligendienstes vom 28.04.2011 (BGBl. I S. 687) werden zwei neue Freiwilligendienste geschaffen, die das bereits bestehende Angebot an Engagementmöglichkeiten ergänzen. Der Bundesfreiwilligen-

dienst wird darüber hinaus als Nachfolgedienst für den Zivildienst eingeführt. Der Gesetzgeber beabsichtigt, die Aufnahme dieser neuen Freiwilligendienste in den Katalog des § 32 Abs. 4 Satz 1 Nr. 2 Buchst. d EStG
bzw. § 2 Abs. 2 Satz 1 Nr. 2 Buchst. d BKGG durch das Gesetz zur Umsetzung der Beitreibungsrichtlinie sowie zur Änderung steuerlicher Vorschriften zu verwirklichen.

Um eine kindergeldrechtliche Begünstigung entsprechender Fälle gewährleisten zu können, sind diesbezüglich offene Kindergeldanträge durch die
Familienkassen von der Bearbeitung zurückzustellen, bis das parlamenta-
rische Verfahren zum Gesetz zur Umsetzung der Beitreibungsrichtlinie
sowie zur Änderung steuerlicher Vorschriften abgeschlossen ist (nach
derzeitigem Planungsstand: 04.11.2011). Erfolgt eine vorgezogene Bearbeitung auf ausdrücklichen Wunsch des Kindergeldberechtigten, ist ein
Kindergeldanspruch für das den neuen Dienst leistende Kind mangels
gesetzlicher Grundlage zu verneinen. In diesem Fall wäre eine spätere
Korrektur des Ablehnungsbescheids – nach Ablauf der Einspruchsfrist –
mangels einschlägiger Korrekturnorm nicht mehr möglich. Kindergeldbe-
rechtigte, die eine sofortige Entscheidung wünschen, sind auf diesen ver-
fahrensrechtlichen Umstand hinzuweisen.
Im Auftrag
Schroeder

Koppelung

Die Jugendfreiwilligendienste FSJ und FÖJ sowie der Bundesfreiwilligendienst sind jeweils separate Dienstformen, die jedoch in wesentlichen
Dingen identisch sind (Siehe: Vergleich FSJ   BFD). Es ist das erklärte
politische Ziel, beide Dienstformate gleichermaßen auf- und auszubauen.
Die zivilgesellschaftlichen Akteure haben hierzu ihre Unterstützung zuge-
sagt.

Kostenerstattung

Im Rahmen der im Haushaltsplan vorgesehenen Mittel erstattet der Bund
den Einrichtungen den Aufwand für Taschengeld und Sozialversiche-
rungsbeiträgen bis zu einer festgelegten Obergrenzen (derzeit bis zu €
350,-- für Freiwillige ohne Kindergeldberechtigung und bis zu € 250,-- für
Freiwillige mit Kindergeldberechtigung). Die Kostenerstattung erhalten
die Einsatzstellen direkt vom Bund. Sofern nicht die Einsatzstelle sondern
der Träger die Abrechnung für die Freiwilligen vornimmt, ist der Träger
gegenüber dem Bund erstattungsberechtigt. In diesem Fall hat die Einrichtung mit dem Träger eine Vereinbarung gemäß § 6 Abs. 5 BFDG abzu-

schließen (siehe auch Ziffer 1.2 der Vereinbarung zwischen Freiwilligen und Bund).

Darüber hinaus erstattet der Bund in Form einer Pauschale die Kosten für die pädagogische Begleitung der Freiwilligen. Die Höhe der Pauschale ist im FSJ/FÖJ sowie im BFD grundsätzlich gleich (vgl. § 17 Abs. 3 BFDG). Während im FSJ/FÖJ die komplette Pauschale zur Auszahlung gelangt (ab September 2011: € 100,-- und ab Januar 2012: € 200,--) werden im BFD seit dessen Beginn im Juli 2011 nur € 100,-- ausgezahlt. Die verbleibenden € 100,-- gewährt der Bund in Form eines Bildungsschecks, der zum insgesamt dreiwöchigen Besuch eines Bildungszentrums des Bundes berechtigt.

Die Pauschalen für die pädagogische Begleitung werden vom Bund an die Zentralstelle „Deutscher Caritasverband" überweisen und von dort an die Träger in den Diözesen weitergeleitet.

Krankheitsfall

Ein Krankheitsfall ist der Einsatzstelle unverzüglich mitzuteilen. Die genauen Regelungen sind in der Vereinbarung zwischen dem Bundesamt und den Freiwilligen festgehalten. Im Krankheitsfall werden in der Regel bis zur Dauer von sechs Wochen Taschengeld und Sachleistungen weitergezahlt.

Krankenversicherung

Freiwillige im Bundesfreiwilligendienst werden für die Dauer des Freiwilligendienstes grundsätzlich als eigenständiges Mitglied in der gesetzlichen Krankenkasse pflichtversichert. Die Beiträge werden von der Einsatzstelle übernommen und an die Krankenkasse abgeführt. Eine gegebenenfalls vorher bestehende Familienversicherung ruht für die Zeit des Freiwilligendienstes und kann - zum Beispiel bei Aufnahme einer Berufsausbildung, weiterem Schulbesuch oder der Aufnahme eines Studiums - wieder aufleben. Der Gesetzgeber plant im Rahmen des Gesetzes zur Verbesserung der Versorgungsstrukturen in der gesetzlichen Krankenversicherung (GKV-VStG) eine Änderung. Demnach soll eine Neuregelung die Gleichbehandlung aller gesetzlich geregelten Freiwilligendienste im Hinblick auf die Verlängerungstatbestände der Familienversicherung nach § 10 sicherstellen. Gleiches gilt im Übrigen auch bei beihilfefähigen Kindern von Beamten.

Inwieweit die private Krankenversicherung für die Zeit des Freiwilligendienstes "ruhend" gestellt werden kann, muss mit der jeweiligen privaten Krankenversicherung vor dem Bundesfreiwilligendienst geklärt werden. Die Einsatzstelle kann die Beiträge zur privaten Versicherung nicht zahlen, da eine Pflichtversicherung in der gesetzlichen Krankenversicherung besteht.

Kündigung

Freiwillige verpflichten sich für die vertraglich festgelegte Dauer ihres Dienstes. Der Vertrag kann aus einem wichtigen Grund, zum Beispiel bei Erhalt eines Studien-, Ausbildungs- oder Arbeitsplatzes, gekündigt werden. Die konkreten Modalitäten sind vertraglich festgelegt. Kündigungen müssen über die Einsatzstelle schriftlich erfolgen; diese leitet die Kündigung dann an das Bundesamt weiter (siehe auch Vereinbarung).

L

Leistungen

Die Einsatzstellen können Unterkunft, Verpflegung, Arbeitskleidung und ein angemessenes Taschengeld (siehe T wie Taschengeld) zur Verfügung stellen. Werden Unterkunft, Verpflegung und Arbeitskleidung nicht gestellt, können nach Ermessen der Einsatzstelle Geldersatzleistungen gezahlt werden. Alle Leistungen werden zwischen Freiwilligen und Einsatzstelle vereinbart.

N

Nebentätigkeit

Der Bundesfreiwilligendienst wird auch von "Älteren", d.h. von Freiwilligen, die älter als 27 Jahre sind, im Umfang von mehr als 20 Stunden Dauer pro Woche geleistet. Daraus ergibt sich, dass die Freiwilligen der Einrichtung entsprechend mehr als eine halbe Arbeitskraft zur Verfügung stellen. Nebentätigkeiten müssen deshalb genehmigt werden.

P

Pädagogische Begleitung

Die pädagogische Begleitung umfasst unter anderem fachliche Anleitung und die Seminararbeit (siehe unter S wie Seminare). Die pädagogische Begleitung hat vor allem das Ziel, die Freiwilligen auf ihren Einsatz vorzubereiten und ihnen zu helfen, Eindrücke auszutauschen sowie Erfahrungen aufzuarbeiten. Darüber hinaus sollen durch die pädagogische Begleitung soziale und interkulturelle Kompetenzen vermittelt und das Verantwortungsbewusstsein für das Gemeinwohl beziehungsweise für einen nachhaltigen Umgang mit Natur und Umwelt gestärkt werden.

Im Bundesfreiwilligendienst liegt die Verantwortung für die Durchführung der gesetzlich vorgeschriebenen Seminare zunächst beim Bund als Vertragspartner der Freiwilligen. Im Rahmen eines Vertrages zur Übertragung von Aufgaben (ÜA-Vertrag) hat der Bund die zivilgesellschaftlichen Träger mit der Durchführung der Seminare zur pädagogischen Begleitung beauftragt. In seiner Funktion als Zentralstelle hat der Deutsche Caritasverband e. V. wiederum die in seinem Bereich tätigen diözesanen bzw. überregionalen Träger mit der Durchführung der Seminare beauftragt.

Für die Organisation und Durchführung von Seminaren im BFD hat das BMFSFJ Hinweise und Erläuterungen herausgegeben.

Pflegeversicherung
Die Freiwilligen werden grundsätzlich in der sozialen Pflegeversicherung pflichtversichert (§ 20 Abs. 1 Satz 2 Nr. 1 SGB XI).

R

Gesetzliche Rentenversicherung
Die Freiwilligen unterliegen grundsätzlich der Versicherungs- sowie Beitragspflicht in der gesetzlichen Rentenversicherung und erwerben dadurch Rentenanwartschaften. Dies gilt gleichermaßen für "junge" Freiwillige, für Seniorinnen und Senioren, die noch keine Altersrente beziehen, ebenso wie für Altersteilrentenbezieher (Altersrente in Höhe von einem Drittel, der Hälfte oder zwei Dritteln der Vollrente) und Erwerbsminderungsrentner. Keine Beitragspflicht entsteht, weil dann Versicherungsfreiheit vorliegt, wenn die Freiwilligen eine Altersvollrente - unabhängig ob vor oder nach Erreichen der Regelaltersgrenze - beziehen.

Regionalbetreuung
Regionalbetreuerinnen und -betreuer stehen zur Beratung und als regionale Ansprechpartner des Bundesamtes zur Verfügung. Die oder den zuständigen Regionalbetreuerin oder -betreuer finden Sie auf www.bundesfreiwilligendienst.de.

S

Seminare
Der Gesetzgeber schreibt für den Bundesfreiwilligendienst die Teilnahme an Seminaren (siehe auch P – Pädagogische Begleitung) vor. Insgesamt sind während eines zwölfmonatigen Bundesfreiwilligendienstes 25 Seminartage verpflichtend. Davon werden fünf Tage der politischen Bildung an

einem Bildungszentrum des Bundes (ehemalige Zivildienstschule) durchgeführt. Wird ein Dienst über den Zeitraum von zwölf Monaten hinaus vereinbart oder verlängert, erhöht sich die Zahl der Seminartage um mindestens einen Tag je Monat der Verlängerung. Freiwillige, die älter als 27 Jahre sind, nehmen in angemessenem Umfang an den Seminaren teil.

Sozialversicherungsbeiträge

Teilnehmerinnen und Teilnehmer am Bundesfreiwilligendienst werden nach dem Bundesfreiwilligendienstgesetz so behandelt wie Beschäftigte oder Auszubildende, das heißt sie sind während ihrer freiwilligen Dienstzeit Mitglied in der gesetzlichen Renten-, Unfall-, Kranken-, Pflege- und Arbeitslosenversicherung. Als Berechnungsgrundlage der Beiträge dient das Taschengeld plus der Wert der Sachbezüge (Unterkunft, Verpflegung) beziehungsweise der hierfür gezahlten Ersatzleistung. Die gesamten Beiträge, also sowohl der Arbeitgeber- als auch der Arbeitnehmeranteil, werden von der Einsatzstelle gezahlt.

Studium

Universitäten und Hochschulen können unter Umständen Bewerberinnen und Bewerbern bei der Aufnahme entsprechender Studiengänge die Bundesfreiwilligendienst-Dienstzeit als Praktikum anrechnen. Ob und in welchem Umfang eine Anerkennung möglich ist, richtet sich nach den einzelnen Bestimmungen der Ausbildungs- beziehungsweise Studiengänge und ist bei der jeweiligen Hochschule zu erfragen. Eine gesetzliche Anrechnungspflicht gibt es nicht.

T

Taschengeld

Der Bundesfreiwilligendienst ist als freiwilliges Engagement ein unentgeltlicher Dienst. Für das Taschengeld, das die Freiwilligen für ihren Dienst erhalten, gilt derzeit (Stand: 2011) die Höchstgrenze von 330 Euro monatlich (6 Prozent der Beitragsbemessungsgrenze in der allgemeinen Rentenversicherung). Das konkrete Taschengeld wird mit der der jeweiligen Einsatzstelle vereinbart (siehe auch ALG II).

Träger

Im Bundesfreiwilligendienst ist es - anders als im FSJ/FÖJ - nicht gesetzlich vorgeschrieben, dass sich Einsatzstellen einem Träger anschließen müssen, deshalb ist im Gesetzentwurf auch kein Trägerbegriff definiert. Es soll stattdessen möglich sein, dass Einsatzstellen sich direkt einer Zentralstelle auf Bundesebene anschließen. Für den Bereich des Deutschen Caritasverbandes mit seiner Zentralstelle gilt jedoch das Trägerprinzip, d.h. jede Einsatzstelle muss sich dem für sie zuständigen diözesanen bzw. überregionalen Träger anschließen. Dies zieht automatisch eine Zuordnung zu der Zentralstelle „Deutscher Caritasverband e. V." nach sich. Im katholischen Bereich fungiert neben dem DCV auch der Malteser-Hilfsdienst (MHD) mit den ihm angeschlossenen Einrichtungen als Zentralstelle.

U

Umsatzsteuer
Im Bundesfreiwilligendienst findet kein umsatz-steuerpflichtiger Leistungsaustausch zwischen Bund und Einsatzstelle statt. Insbesondere erstattet die Einsatzstelle dem Bund keine Kosten für die Überlassung der Freiwilligen, so dass die für einen Leistungsaustausch konstitutive Gegenleistung fehlt.

Unfallversicherung
Siehe unter S wie Sozialversicherungsbeiträge.

Unterkunft
Siehe unter L wie Leistungen.

Urlaub
Der gesetzliche Urlaubsanspruch im Kalenderjahr beträgt mindestens 24 Tage. Dauert der Bundesfreiwilligendienst weniger als zwölf Monate, wird der Urlaubsanspruch pro Monat um ein Zwölftel des Jahresurlaubs reduziert; dauert es länger als zwölf Monate, wird er pro Monat um ein Zwölftel des Jahresurlaubs verlängert. Für Jugendliche unter 18 Jahren gelten längere Urlaubsansprüche nach den Bestimmungen des Jugendarbeitsschutzgesetzes.

V

Vereinbarung
Das Bundesamt und die oder der Freiwillige schließen vor Beginn des Freiwilligendienstes eine schriftliche Vereinbarung ab. Das Vereinbarungsformular ist über verschiedene Wege abrufbar und erhältlich. Sie ist als Mustervereinbarung auch als Anlage abgedruckt.

Verpflegung

Siehe unter L wie Leistungen.

Für ALG-II-Empfänger/-innen gilt Folgendes: Verpflegung, die von der Einsatzstelle zur Verfügung gestellt wird, ist wie die von einem Arbeitgeber zur Verfügung gestellte Verpflegung auf das ALG II anzurechnen. Bei einer Vollverpflegung wird pro Arbeitstag ein pauschaler Betrag in Höhe von einem Prozent des maßgebenden monatlichen Regelbedarfs als Einkommen berücksichtigt. Bei einem alleinstehenden Erwachsenen sind das derzeit 3,64 Euro pro Tag. Wird nur eine Teilverpflegung bereitgestellt, entfällt auf das Frühstück ein Anteil von 20 Prozent dieses Betrags, auf das Mittag- und Abendessen je 40 Prozent. Maßgeblich ist nur, ob die Einsatzstelle die Verpflegung bereitstellt. Für die Anrechnung kommt es nicht darauf an, ob der/die Freiwillige sie tatsächlich in Anspruch nimmt oder aber darauf verzichtet.

W

Waisenrente

Für die Dauer der Teilnahme am Bundesfreiwilligendienst besteht grundsätzlich ein Anspruch auf Waisenrente (Halb- und Vollwaisenrente), soweit die Voraussetzungen nach § 48 SGB VI vorliegen. Gem. § 48 SGB VI wird die Waisenrente nach Vollendung des 18. Lebensjahres auf Antrag auch dann gewährt, wenn die Waise vor Ablauf des Monats, in dem sie das 27. Lebensjahr vollendet, entweder den Bundesfreiwilligendienst nach dem Bundesfreiwilligendienstgesetz leistet oder sich in einer Übergangszeit von höchstens vier Monaten zwischen einem Ausbildungsabschnitt und der Ableistung des Bundesfreiwilligendienstes nach dem BFDG befindet.

Wohngeld

Die Beantragung von Wohngeld ist für Freiwillige im Bundesfreiwilligendienst prinzipiell möglich. Die Zahlung von Wohngeld hängt unter anderem von der Miethöhe und dem verfügbaren Einkommen ab. Ein Antrag kommt dann in Betracht, wenn für die Aufnahme des Freiwilligendienstes ein Umzug an den Ort der Einsatzstelle notwendig ist, ohne dass die Einsatzstelle Unterkunft gewähren kann. Zuständig ist die Wohngeldbehörde der Gemeinde-, Stadt-, Amts- oder Kreisverwaltung am neuen Wohnort. Aus dem Antrag muss hervorgehen, dass die neue Wohnung der Lebensmittelpunkt der Antragstellerin beziehungsweise des Antragstellers ist. Ob die Voraussetzungen für einen Wohngeldanspruch bestehen, sollte rechtzeitig vor Antritt des Bundesfreiwilligendienstes mit der Wohngeldbehörde geklärt werden.

Z

Zentralstelle

Die Zentralstellen tragen dafür Sorge, dass die ihnen angehörenden Träger und Einsatzstellen ordnungsgemäß an der Durchführung des Bundesfreiwilligendienstes mitwirken. Die Zentralstellen sind das Bindeglied zwischen dem Bundesamt und den Einsatzstellen sowie deren Trägern. Sie werden gebildet von den Trägern und Einsatzstellen. Um diese zentrale Aufgabe erfolgreich übernehmen zu können, sind Mindestanforderungen hinsichtlich der Zahl, Größe und geografischen Verteilung der vertretenen Einsatzstellen sinnvoll. Einzelheiten wurden in einer entsprechenden Rechtsverordnung des Bundesfamilienministeriums geregelt, die am 27. Juli 2011 im Bundesgesetzblatt veröffentlicht wurde.

Der Deutsche Caritasverband hat die Zentralstellennummer ZEST/09. Diese Zentralstellennummer ist u. a. in der BFD-Vereinbarung unter Ziffer 1.2 einzutragen.

Zeugnis

Bei Beendigung des freiwilligen Dienstes erhalten die Freiwilligen von der Einsatzstelle ein schriftliches Zeugnis über Art und Dauer des freiwilligen Dienstes. Das Zeugnis ist auf die Leistungen und die Führung während der Dienstzeit zu erstrecken. In das Zeugnis sind berufsqualifizierende Merkmale des Bundesfreiwilligendienstes aufzunehmen.

Neben dem Zeugnis erhalten die Freiwilligen nach Beendigung des Freiwilligendienstes eine *Bescheinigung*.

Zuverdienstgrenzen bei Frührentnern und bei Erwerbsminderung

Bei Bezug einer Altersrente vor Erreichen der Regelaltersgrenze sind bestimmte Hinzuverdienstgrenzen zu beachten. Wer eine Rente vor Erreichen der Regelaltersgrenze als Vollrente in Anspruch nehmen möchte, darf nur einen Hinzuverdienst erzielen, der einen Betrag in Höhe von 400 Euro monatlich nicht übersteigt. Wird die Hinzuverdienstgrenze überschritten, führt dies nicht automatisch zum Wegfall der Rente, sondern gegebenenfalls zur Zahlung einer niedrigeren Teilrente wegen Alters, die einen höheren Hinzuverdienst erlaubt.

Als Hinzuverdienst gelten unter anderem alle Einnahmen aus einer Beschäftigung, unabhängig davon, in welcher Form sie geleistet werden.

Somit sind das aus dem Bundesfreiwilligendienst erzielte Taschengeld sowie unentgeltliche Unterkunft, Verpflegung und Arbeitskleidung mit dem jeweiligem Sachbezugswert der Sozialversicherungsentgeltverordnung als Hinzuverdienst zu berücksichtigen. Die Ableistung eines Freiwilligendienstes kann daher bei Überschreiten der Hinzuverdienstgrenzen zur Kürzung bis hin zum Wegfall des Rentenanspruchs führen.

Bei Renten wegen verminderter Erwerbsfähigkeit gelten nochmals differenziertere Regelungen. Zur Klärung sollten sich daher interessierte Freiwillige mit ihrem Rentenversicherungsträger in Verbindung setzen. Nach Angaben des Bundesministeriums für Arbeit und Soziales wird bei Aufnahme einer Beschäftigung durch den Rentenversicherungsträger stets geprüft, ob eine Erwerbsminderung noch vorliegt und damit ein Rentenanspruch weiterhin besteht.

IV. Die (neuen) Freiwilligendienste

1. BFD – FSJ/FÖJ - Gegenüberstellung

Der neue Bundesfreiwilligendienst (BFD), der am 1. Juli. 2011 gestartet ist, soll als neues soziales Angebot das in die Länderhoheit fallende Freiwillige Soziale Jahr (FSJ) und das Freiwillige Ökologische Jahr (FÖJ) ergänzen. FSJ und FÖJ bleiben somit weiter bestehen. Der BFD ist in Ergänzung und Stärkung der bestehenden Freiwilligendienste gestaltet worden – so können unnötige Doppelstrukturen vermieden und eine schlanke Verwaltung gewährleistet werden. Insbesondere bleiben die bisher bestehenden 35.000 Stellen, die die Länder im Freiwilligen Sozialen und Freiwilligen Ökologischen Jahr anbieten, erhalten, da funktionierende Strukturen nicht zerstört werden sollen.

Finanziert wird er BFD zu großem Teil durch den Bund. (Bundesförderung ca. 350 Millionen Euro im Jahr.)

Hier eine Gegenüberstellung der Jugendfreiwilligendienste (FSJ/FÖJ) und des Bundesfreiwilligendienstes (BFD):

	FSJ / FÖJ	**BFD**
Altersgrenze	Ab Vollendung der Vollzeitschulpflicht bis Vollendung des 27. Lebensjahres	ab Vollendung der Vollzeitschulpflicht; keine Altersgrenze nach oben
Geschlecht	Männer und Frauen	Männer und Frauen
Dauer	6 Monate bis 18 Monate, in Ausnahmefällen 24 Monate	6 Monate bis 18 Monate, in Ausnahmefällen 24 Monate
Wie oft kann der Dienst geleistet werden?	einmal	mehrfache Wiederholung nach jeweils fünf Jahren möglich
Arbeitszeit	Vollzeit	Vollzeit; Für Freiwillige ab 27

		Jahren auch Teilzeit (mind. 20 Wochenstunden) möglich
Taschengeld	Derzeit bis 330 Euro	Derzeit bis 330 Euro
Kindergeld	Anspruch besteht	Anspruch soll bestehen, gesetzliche Regelung steht noch aus (vgl. A – Z „Kindergeld")
Unterkunft / Verpflegung	grds. frei	grds. Frei
Einsatzbereich	Kinder- und Jugendhilfe, Jugendarbeit, Wohlfahrtspflege, Gesundheitspflege, Kultur und Denkmalpflege, Sport, Integration, Natur- und Umweltschutz	Kinder- und Jugendhilfe, Wohlfahrts-, Gesundheits- und Altenpflege, Behindertenhilfe, Kultur und Denkmalpflege, Sport, Integration, Zivil- und Katastrophenschutz, Natur und - Umweltschutz
Im Ausland möglich	ja	nein
Einsatzstellen	Anerkennung bei den auf Landesebene anerkannten Trägern	Anerkennung bei der Bundesbehörde / Bundesamt
Vereinbarung / Vertrag der Freiwilligen mit..	vom Land anerkannten Trägern	Dem Bund
Sozialversicherung	Absicherung besteht	Absicherung besteht

2. Gesetz zur Förderung von Jugendfreiwilligendiensten (Jugendfreiwilligendienstegesetz- JFDG)

Ausfertigungsdatum: 16.5.2008
Es ist gem. Art. 3 Satz 1 dieses G mWv 1.6.2008 in Kraft getreten.

§ 1 Fördervoraussetzungen

(1) Jugendfreiwilligendienste fördern die Bildungsfähigkeit der Jugendlichen und gehören zu den besonderen Formen des bürgerschaftlichen Engagements. Ein Jugendfreiwilligendienst wird gefördert, wenn die in den §§ 2 bis 8 genannten Voraussetzungen erfüllt sind und der Dienst von einem nach § 10 zugelassenen Träger durchgeführt wird. Die Förderung dient dazu, die Härten und Nachteile zu beseitigen, die mit der Ableistung des Jugendfreiwilligendienstes im Sinne dieses Gesetzes verbunden sind.

(2) Jugendfreiwilligendienste im Sinne des Gesetzes sind das freiwillige soziale Jahr (FSJ) und das freiwillige ökologische Jahr (FÖJ).

§ 2 Freiwillige

(1) Freiwillige im Sinne dieses Gesetzes sind Personen, die

1. einen freiwilligen Dienst ohne Erwerbsabsicht, außerhalb einer Berufsausbildung und vergleichbar einer Vollzeitbeschäftigung leisten,

2. sich auf Grund einer Vereinbarung nach § 11 zur Leistung dieses Dienstes für eine Zeit von mindestens sechs Monaten und höchstens 24 Monaten verpflichtet haben,

3. für den Dienst nur unentgeltliche Unterkunft, Verpflegung und Arbeitskleidung sowie ein angemessenes Taschengeld oder anstelle von Unterkunft, Verpflegung und Arbeitskleidung entsprechende Geldersatzleistungen erhalten dürfen, wobei ein Taschengeld dann angemessen ist, wenn es 6 Prozent der in der allgemeinen Rentenversicherung geltenden Beitragsbemessungsgrenze (§ 159 des Sechsten Buches Sozialgesetzbuch) nicht übersteigt, und

4. die Vollzeitschulpflicht erfüllt, aber das 27. Lebensjahr noch nicht vollendet haben.

(2) Als Freiwillige gelten auch Personen, die durch einen nach § 10 zugelassenen Träger des Jugendfreiwilligendienstes darauf vorbereitet werden, einen Jugendfreiwilligendienst im Ausland zu leisten (Vorbereitungsdienst), für den Vorbereitungsdienst nur Leistungen erhalten, die dieses Gesetz vorsieht, und neben dem Vorbereitungsdienst keine Tätigkeit gegen Entgelt ausüben sowie die Voraussetzungen des Absatzes 1 Nr. 2 und 4 erfüllen.

§ 3 Freiwilliges soziales Jahr

(1) Das freiwillige soziale Jahr wird ganztägig als überwiegend praktische Hilfstätigkeit, die an Lernzielen orientiert ist, in gemeinwohlorientierten Einrichtungen geleistet, insbesondere in Einrichtungen der Wohlfahrtspflege, in Einrichtungen der Kinder- und Jugendhilfe, einschließlich der Einrichtungen für außerschulische Jugendbildung und Einrichtungen für Jugendarbeit, in Einrichtungen der Gesundheitspflege, in Einrichtungen der Kultur und Denkmalpflege oder in Einrichtungen des Sports.

(2) Das freiwillige soziale Jahr wird pädagogisch begleitet. Die pädagogische Begleitung wird von einer zentralen Stelle eines nach § 10 zugelassenen Trägers des Jugendfreiwilligendienstes sichergestellt mit dem Ziel, soziale, kulturelle und interkulturelle Kompetenzen zu vermitteln und das Verantwortungsbewusstsein für das Gemeinwohl zu stärken.

§ 4 Freiwilliges ökologisches Jahr

(1) Das freiwillige ökologische Jahr wird ganztägig als überwiegend praktische Hilfstätigkeit, die an Lernzielen orientiert ist, in geeigneten Stellen und Einrichtungen geleistet, die im Bereich des Natur- und Umweltschutzes einschließlich der Bildung zur Nachhaltigkeit tätig sind.

(2) Das freiwillige ökologische Jahr wird pädagogisch begleitet. Die pädagogische Begleitung wird von einer zentralen Stelle eines nach § 10 zugelassenen Trägers des Jugendfreiwilligendienstes sichergestellt mit dem Ziel, soziale, kulturelle und interkulturelle Kompetenzen zu vermitteln und das Verantwortungsbewusstsein für das Gemeinwohl zu stärken. Im freiwilligen ökologischen Jahr sollen insbesondere der nachhaltige Umgang mit Natur und Umwelt gestärkt und Umweltbewusstsein entwickelt werden, um ein kompetentes Handeln für Natur und Umwelt zu fördern.

§ 5 Jugendfreiwilligendienste im Inland

(1) Das freiwillige soziale Jahr und das freiwillige ökologische Jahr im Inland werden in der Regel für eine Dauer von zwölf zusammenhängenden Monaten geleistet. Die Mindestdauer bei demselben nach § 10 anerkannten Träger beträgt sechs Monate, der Dienst kann bis zu der Gesamtdauer von insgesamt 18 Monaten verlängert werden. Der Träger kann den Jugendfreiwilligendienst im Rahmen des pädagogischen Gesamtkonzepts auch unterbrochen zur Ableistung in Abschnitten anbieten, wenn ein Abschnitt mindestens drei Monate dauert.

(2) Die pädagogische Begleitung umfasst die an Lernzielen orientierte fachliche Anleitung der Freiwilligen durch die Einsatzstelle, die individuelle Betreuung durch pädagogische Kräfte des Trägers und durch die Einsatzstelle sowie die Seminararbeit. Es werden ein Einführungs-, ein Zwi-

schen- und ein Abschlussseminar durchgeführt, deren Mindestdauer je fünf Tage beträgt. Die Gesamtdauer der Seminare beträgt bezogen auf eine zwölfmonatige Teilnahme am Jugendfreiwilligendienst mindestens 25 Tage. Wird ein Dienst über den Zeitraum von zwölf Monaten hinaus vereinbart oder verlängert, erhöht sich die Zahl der Seminartage um mindestens einen Tag je Monat der Verlängerung. Die Seminarzeit gilt als Dienstzeit. Die Teilnahme ist Pflicht. Die Freiwilligen wirken an der inhaltlichen Gestaltung und der Durchführung der Seminare mit.

(3) Bis zu einer Höchstdauer von insgesamt 18 Monaten können ein freiwilliges soziales Jahr und ein freiwilliges ökologisches Jahr mit einer Mindestdienstdauer von sechs Monaten nacheinander geleistet werden. In diesem Fall richtet sich die Zahl der Seminartage für jeden einzelnen Dienst nach Absatz 2.

(4) Zur Durchführung des Jugendfreiwilligendienstes nach diesem Gesetz schließen zugelassene Träger und Einsatzstellen eine vertragliche Vereinbarung. Die Vereinbarung legt fest, in welcher Weise Träger und Einsatzstellen die Ziele des Dienstes, insbesondere soziale Kompetenz, Persönlichkeitsbildung sowie die Förderung der Bildungs- und Beschäftigungsfähigkeit der Freiwilligen gemeinsam verfolgen.

§ 6 Jugendfreiwilligendienst im Ausland

(1) Ein freiwilliges soziales Jahr oder ein freiwilliges ökologisches Jahr im Sinne dieses Gesetzes kann auch im Ausland geleistet werden.

(2) Der Jugendfreiwilligendienst im Ausland wird ganztägig als Dienst gemäß § 2 Abs. 1 Nr. 1 und ausschließlich ununterbrochen geleistet. § 5 gilt entsprechend, soweit keine abweichenden Regelungen für den Jugendfreiwilligendienst im Ausland vorgesehen sind. Zum freiwilligen sozialen Jahr im Ausland gehört insbesondere auch der Dienst für Frieden und Versöhnung. Der Jugendfreiwilligendienst im Ausland wird nach Maßgabe der Nummern 1 bis 3 pädagogisch begleitet:

1. Die pädagogische Begleitung wird von einem nach § 10 zugelassenen Träger sichergestellt,

2. zur Vorbereitung auf den Jugendfreiwilligendienst und während des Dienstes im Ausland erfolgt die pädagogische Begleitung in Form von Bildungsmaßnahmen (Seminaren oder pädagogischen Veranstaltungen), durch fachliche Anleitung durch die Einsatzstelle und die individuelle Betreuung durch pädagogische Kräfte der Einsatzstelle oder des Trägers; die Freiwilligen wirken an der inhaltlichen Gestaltung und Durchführung der Bildungsmaßnahmen mit,

3. die Gesamtdauer der Bildungsmaßnahmen beträgt, bezogen auf eine zwölfmonatige Teilnahme am Jugendfreiwilligendienst im Ausland, mindestens fünf Wochen.

Die pädagogische Begleitung soll in der Weise erfolgen, dass jeweils in der Bundesrepublik Deutschland vorbereitende Veranstaltungen von mindestens vierwöchiger Dauer und nachbereitende Veranstaltungen von mindestens einwöchiger Dauer stattfinden. Falls der Träger ein Zwischenseminar im Ausland sicherstellen kann, das regelmäßig bis zu zwei Wochen dauern kann, verkürzen sich die vorbereitenden Veranstaltungen entsprechend. Die Teilnahme an den Bildungsmaßnahmen gilt als Dienstzeit. Die Teilnahme ist Pflicht.

(3) Der Dienst muss nach Maßgabe des § 11 Abs. 1 mit dem Träger vereinbart und gestaltet werden. § 11 Abs. 2 findet keine Anwendung. Die Höchstdauer der Entsendung ist auf insgesamt zwölf Monate beschränkt.

§ 7 Kombinierter Jugendfreiwilligendienst

Ein kombinierter Jugendfreiwilligendienst im In- und Ausland kann vom Träger für eine Höchstdauer von bis zu 18 zusammenhängenden Monaten mit Einsatzabschnitten im Inland von mindestens dreimonatiger Dauer und Einsatzabschnitten im Ausland von mindestens drei- und höchstens zwölfmonatiger Dauer angeboten werden. Der Dienst ist für den Gesamtzeitraum nach § 11 Abs. 1 mit dem Träger zu vereinbaren und zu gestalten. § 11 Abs. 2 findet keine Anwendung. Die pädagogische Begleitung soll nach Maßgabe des § 6 erfolgen; Zwischenseminare können auch im Inland stattfinden. § 5 Abs. 2 gilt für kürzer oder länger als zwölf Monate dauernde Dienste entsprechend.

§ 8 Zeitliche Ausnahmen

Der Jugendfreiwilligendienst nach den §§ 5 und 7 kann ausnahmsweise bis zu einer Dauer von 24 Monaten geleistet werden, wenn dies im Rahmen eines besonderen pädagogischen Konzepts begründet ist. Für den Auslandsdienst nach § 6 gilt dies nach Maßgabe des § 14.

§ 9 Förderung

Die Förderung des freiwilligen sozialen Jahres und des freiwilligen ökologischen Jahres richtet sich nach folgenden Rechtsnormen:
1. § 3 der Verordnung über Sonderurlaub für Bundesbeamte und Richter im Bundesdienst (Sonderurlaub),
2. § 2 Abs. 1 Nr. 8 des Arbeitsgerichtsgesetzes (Zuständigkeit von Gerichten),

3. § 32 Abs. 4 Satz 1 Nr. 2 Buchstabe b und d des Einkommensteuergesetzes (Berücksichtigung von Kindern),

4. § 265 Abs. 2 Satz 3 Nr. 2 des Gesetzes über den Lastenausgleich (Lastenausgleich),

5. § 27 Abs. 2 Satz 2 Nr. 1, § 130 Abs. 2 Satz 1 Nr. 2, § 344 Abs. 2 des Dritten Buches Sozialgesetzbuch (Arbeitsförderung),

6. § 20 Abs. 3 Satz 1 Nr. 2 des Vierten Buches Sozialgesetzbuch (Gesamtsozialversicherungsbeitrag),

7. § 67 Abs. 3 Satz 1 Nr. 2 Buchstabe b und c, § 82 Abs. 2 Satz 2 des Siebten Buches Sozialgesetzbuch (Gesetzliche Unfallversicherung),

8. § 33b Abs. 4 Satz 2 Nr. 2 Buchstabe d, § 45 Abs. 3 Satz 1 Buchstabe c des Bundesversorgungsgesetzes (Kinderzuschlag und Waisenrente bei Kriegsopferversorgung),

9. § 2 Abs. 2 Satz 1 Nr. 2 Buchstabe b und d des Bundeskindergeldgesetzes (Kindergeld),

10. § 10 Abs. 1 des Vierten Buches Sozialgesetzbuch (Beschäftigungsort),

11. § 7 Abs. 1 Satz 1 Nr. 2, § 10 Abs. 2 Nr. 3 des Fünften Buches Sozialgesetzbuch (Krankenversicherung),

12. § 5 Abs. 2 Satz 3, § 48 Abs. 4 Satz 1 Nr. 2 Buchstabe b und c des Sechsten Buches Sozialgesetzbuch (Rentenversicherung),

13. § 25 Abs. 2 Nr. 3 des Elften Buches Sozialgesetzbuch (Pflegeversicherung),

14. § 1 Abs. 1 Nr. 2 Buchstabe h der Verordnung über den Ausgleich gemeinwirtschaftlicher Leistungen im Straßenpersonenverkehr (Ermäßigungen im Straßenpersonenverkehr),

15. § 1 Abs. 1 Nr. 2 Buchstabe h der Verordnung über den Ausgleich gemeinwirtschaftlicher Leistungen im Eisenbahnverkehr (Ermäßigungen im Eisenbahnverkehr),

16. § 14c des Gesetzes über den Zivildienst der Kriegsdienstverweigerer (Anerkannte Kriegsdienstverweigerer).

§ 10 Träger

(1) Als Träger des freiwilligen sozialen Jahres im Inland im Sinne dieses Gesetzes sind zugelassen:

1. die Verbände, die in der Bundesarbeitsgemeinschaft der freien Wohlfahrtspflege zusammengeschlossen sind, und ihre Untergliederungen,

2. Religionsgemeinschaften mit dem Status einer öffentlich-rechtlichen Körperschaft und

3. die Gebietskörperschaften sowie nach näherer Bestimmung der Länder sonstige Körperschaften des öffentlichen Rechts.

(2) Als weitere Träger des freiwilligen sozialen Jahres im Inland und als Träger des freiwilligen ökologischen Jahres im Inland im Sinne dieses Gesetzes kann die zuständige Landesbehörde solche Einrichtungen zulassen, die für eine den Bestimmungen der §§ 2, 3 oder 4 und 5 entsprechende Durchführung Gewähr bieten.

(3) Als Träger des freiwilligen sozialen Jahres im Ausland oder als Träger des freiwilligen ökologischen Jahres im Ausland im Sinne dieses Gesetzes werden juristische Personen zugelassen, die

1. Maßnahmen im Sinne der §§ 6 oder 7 durchführen und Freiwillige für einen Dienst im Ausland vorbereiten, entsenden und betreuen,

2. Gewähr dafür bieten, dass sie auf Grund ihrer nachgewiesenen Auslandserfahrungen ihre Aufgabe auf Dauer erfüllen und den ihnen nach dem Gesetz obliegenden Verpflichtungen nachkommen,

3. ausschließlich und unmittelbar steuerbegünstigten Zwecken im Sinne der §§ 51 bis 68 der Abgabenordnung dienen und

4. ihren Sitz in der Bundesrepublik Deutschland haben.

Über die Zulassung eines Trägers des freiwilligen sozialen Jahres im Ausland und über die Zulassung eines Trägers des freiwilligen ökologischen Jahres im Ausland entscheidet die zuständige Landesbehörde.

(4) Die zuständige Landesbehörde hat die Zulassung von Trägern im Sinne dieses Gesetzes zu widerrufen, wenn eine der in Absatz 2 oder 3 genannten Voraussetzungen nicht mehr vorliegt. Die Zulassung kann auch aus anderen wichtigen Gründen widerrufen werden, insbesondere, wenn eine Auflage nicht erfüllt worden ist. Durch den Widerruf oder die Rücknahme der Zulassung werden die Rechte der Freiwilligen nach diesem Gesetz nicht berührt.

(5) Bestehende Zulassungen von Trägern nach dem Gesetz zur Förderung eines freiwilligen sozialen Jahres oder nach dem Gesetz zur Förderung eines freiwilligen ökologischen Jahres bleiben unberührt.

§ 11 Vereinbarung, Bescheinigung, Zeugnis

(1) Der zugelassene Träger des Jugendfreiwilligendienstes und die oder der Freiwillige schließen vor Beginn des Jugendfreiwilligendienstes eine schriftliche Vereinbarung ab. Sie muss enthalten:

1. Vor- und Familienname, Geburtsdatum und Anschrift der oder des Freiwilligen,

2. die Bezeichnung des Trägers des Jugendfreiwilligendienstes und der Einsatzstelle,

3. die Angabe des Zeitraumes, für den die oder der Freiwillige sich zum Jugendfreiwilligendienst verpflichtet

hat, sowie Regelungen für den Fall der vorzeitigen Beendigung des Dienstes,

4. die Erklärung, dass die Bestimmungen dieses Gesetzes während der Durchführung des Jugendfreiwilligendienstes einzuhalten sind,

5. die Angabe des Zulassungsbescheides des Trägers oder der gesetzlichen Zulassung,

6. Angaben zur Art und Höhe der Geld- und Sachleistungen für Unterkunft, Verpflegung, Arbeitskleidung und Taschengeld,

7. die Angabe der Anzahl der Urlaubstage und

8. die Ziele des Dienstes und die wesentlichen der Zielerreichung dienenden Maßnahmen.

(2) Die Vereinbarung nach Absatz 1 kann auch als gemeinsame Vereinbarung zwischen dem zugelassenen Träger, der Einsatzstelle und der oder dem Freiwilligen geschlossen werden, in der die Einsatzstelle die Geld- und Sachleistungen für Unterkunft, Verpflegung, Arbeitskleidung und Taschengeld auf eigene Rechnung übernimmt. Der Träger haftet für die Erfüllung dieser Pflichten gegenüber der oder dem Freiwilligen und Dritten wie ein selbstschuldnerischer Bürge.

(3) Der Träger stellt der Freiwilligen oder dem Freiwilligen nach Abschluss des Dienstes eine Bescheinigung aus. Absatz 1 Satz 2 Nr. 4 und 5 gilt entsprechend; außerdem muss die Bescheinigung den Zeitraum des Dienstes enthalten.

(4) Bei Beendigung des Jugendfreiwilligendienstes kann die Freiwillige oder der Freiwillige von dem Träger ein schriftliches Zeugnis über die Art und Dauer des Jugendfreiwilligendienstes fordern. Die Einsatzstelle soll bei der Zeugniserstellung angemessen beteiligt werden; im Falle des § 11 Abs. 2 ist das Zeugnis im Einvernehmen mit der Einsatzstelle zu erstellen. Das Zeugnis ist auf Verlangen auf die Leistungen und die Führung während der Dienstzeit zu erstrecken. Dabei sind in das Zeugnis berufsqualifizierende Merkmale des Jugendfreiwilligendienstes aufzunehmen.

§ 12 Datenschutz

Der Träger des Jugendfreiwilligendienstes darf personenbezogene Daten nach § 11 Abs. 1 Satz 2 erheben und verarbeiten, soweit dies für die Förderung nach § 9 in Verbindung mit den dort genannten Vorschriften erforderlich ist. Die Daten sind nach Abwicklung des Jugendfreiwilligendienstes zu löschen.

§ 13 Anwendung arbeitsrechtlicher und arbeitsschutzrechtlicher Bestimmungen

Für eine Tätigkeit im Rahmen eines Jugendfreiwilligendienstes im Sinne dieses Gesetzes sind die Arbeitsschutzbestimmungen und das Bundesurlaubsgesetz entsprechend anzuwenden. Für Schäden bei der Ausübung ihrer Tätigkeit haften Freiwillige nur wie Arbeitnehmerinnen und Arbeitnehmer.

§ 14 Entfallen der Höchstdauer für Auslandsentsendungen

Die in § 6 Abs. 3 Satz 3 und § 7 Satz 1 vorgesehene Höchstdauer von zwölf Monaten für Auslandsentsendungen entfällt für Entsendungen, die ab dem 1. Januar 2009 durchgeführt werden, es sei denn, die Verordnung (EG) Nr. 883/2004 gilt erst ab einem späteren Datum. Dann ist der erste Tag der Geltung der Verordnung (EG) Nr. 883/2004 maßgeblich. Für die Höchstdauer des Dienstes, für die Anzahl zusätzlicher Seminartage und die Verlängerungsmöglichkeit auf 24 Monate gelten ab dann die Regelungen für den Inlandsdienst entsprechend.

§ 15 Übergangsregelung

(1) Auf freiwillige Dienste nach dem Gesetz zur Förderung eines freiwilligen sozialen Jahres und nach dem Gesetz zur Förderung eines freiwilligen ökologischen Jahres, die vor Inkrafttreten dieses Gesetzes vereinbart oder begonnen worden sind, sind die Vorschriften jener Gesetze weiter anzuwenden. Dies gilt nicht, wenn die Beteiligten die Anwendung der Vorschriften dieses Gesetzes vereinbaren. Ein bereits nach dem Gesetz zur Förderung eines freiwilligen sozialen Jahres oder nach dem Gesetz zur Förderung eines freiwilligen ökologischen Jahres geleisteter Freiwilligendienst ist auf die Höchstdauer von 24 Monaten anzurechnen.

(2) Soweit Gesetze oder Verordnungen des Bundes auf den Jugendfreiwilligendienst im Sinne dieses Gesetzes verweisen, gilt dies auch als Verweisung auf einen Dienst, für den nach Absatz 1 Satz 1 die Vorschriften des Gesetzes zur Förderung eines freiwilligen sozialen Jahres oder des Gesetzes zur Förderung eines freiwilligen ökologischen Jahres weiter anzuwenden sind.

V. Anlagen

1. Vereinbarung zwischen Freiwilligen und Bund

Im Bundesfreiwilligendienst schließt der Bund mit der/dem Freiwilligen, die/der den BFD absolvieren möchte, eine Vereinbarung. Der Text dieser Vereinbarung wurde zwischen dem Bund und zivilgesellschaftlichen Akteuren erarbeitet. Der Vereinbarungstext ist über verschiedene Wege erhältlich, u. a. über die Zentralstellen, die diözesanen Träger, über das BAFzA oder im Internet unter www.bundesfreiwilligendienst.de. Originäre Vertragspartner im BFD sind die/der Freiwillige und der Bund. Darüber hinaus sind auch die Einsatzstelle, ggf. der Rechtsträger und in jedem Fall der diözesane Träger, der für die Umsetzung der pädagogischen Begleitung zuständig ist, an der Unterzeichnung der Vereinbarung zu beteiligen. Eine Beteiligung der Zentralstelle ist nicht zwingend erforderlich.

Nach der Unterzeichnung der Vereinbarung durch die/den Freiwilligen, der Einsatzstelle und ggf. des Rechtsträgers der Einrichtung (mindestens in dreifacher Ausfertigung) wird die Vereinbarung an den zuständigen diözesan oder überregional tätigen Träger weitergeleitet. Dieser prüft die in der Vereinbarung gemachten Angaben. Der Träger leitet die Vereinbarung an das Bundesamt für Familie und zivilgesellschaftliche Aufgaben (BAFzA) weiter. Jede Zentralstelle kann festlegen, ob die mit dem Bund abzuschließenden Vereinbarungen zwingend über sie laufen müssen. Im Bereich der Zentralstelle „Deutscher Caritasverband e. V." ist dies nicht erforderlich. Es wird allerdings empfohlen, dass die Träger in dem Begleitschreiben den Zusatz „… in Abstimmung mit der zuständigen Zentralstelle" verwenden.

Nach Unterzeichnung der Vereinbarung durch den Bund - für ihn handelt das Bundesamt für Familie und zivilgesellschaftliche Aufgaben (BAFzA) – wird die Vereinbarung zurück gesendet. Dabei erhalten in der Regel die/der Freiwillige und die Einsatzstelle ein Exemplar der Vereinbarung. Es liegt in den Anfangsschwierigkeiten des BFD begründet, dass der zuständige Träger noch nicht in jedem Fall vom BAFzA auch über die Vereinbarungsunterzeichnung informiert wird. In diesen Fällen versucht der Deutsche Caritasverband in seiner Funktion als Zentralstelle dieses Manko zu beheben. Die Vereinbarungen werden erst dann verbindlich, wenn alle Unterschriften getätigt sind.

Präambel

Der Text der BFD-Vereinbarung wurde im Zusammenwirken zwischen zivilgesellschaftlichen Akteuren (u. a. den Spitzenverbänden der Freien Wohlfahrtspflege) und dem Bund erarbeitet. Die BFD-Vereinbarung ist für alle Beteiligten gleich.

Freiwillige ab 27 Jahren können einen BFD auch in Teilzeit mit mehr als 20 Stunden in der Woche leisten.

Im Bundesfreiwilligendienst engagieren sich gemäß § 1 BFDG Frauen und Männer für das Allgemeinwohl. Der Bundesfreiwilligendienst wird dabei in der Regel *ganztägig* als überwiegend praktische Hilfstätigkeit in gemeinwohlorientierten Einrichtungen geleistet. Der Bundesfreiwilligendienst fördert das zivilgesellschaftliche Engagement von Frauen und Männern aller Generationen. Er fördert damit das lebenslange Lernen; jungen Freiwilligen bietet er die Chance des Kompetenzerwerbs und erhöht für benachteiligte Jugendliche die Chancen des Einstiegs in ein geregeltes Berufsleben. Ältere Freiwillige werden ermutigt, ihre bereits vorhandenen Kompetenzen sowie ihre Lebens- und Berufserfahrung einzubringen und weiter zu vermitteln. Die Ausgestaltung des Bundesfreiwilligendienstes erfolgt *arbeitsmarktneutral*.

Der Bundesfreiwilligendienst wird arbeitsmarktneutral ausgestaltet. Die Freiwilligen verrichten unterstützende, zusätzliche Tätigkeiten und ersetzen keine hauptamtlichen Kräfte. Die Arbeitsmarktneutralität ist immer dann gegeben, wenn durch den Einsatz von Freiwilligen im Bundesfreiwilligendienst die Einstellung von neuen Beschäftigten nicht verhindert wird und keine Kündigung von Beschäftigten erfolgt. Die Arbeitsmarktneutralität wird vor Anerkennung jedes einzelnen Einsatzplatzes sichergestellt und ständig von den Regionalbetreuerinnen und Regionalbetreuern des Bundesamtes vor Ort kontrolliert.

Bei der Durchführung des Bundesfreiwilligendienstes achten die Vertragspartner auf die gegenseitige Einhaltung dieser Vereinbarung.

Im katholischen Bereich gibt es zwei Zentralstellen, denen die jeweiligen Einsatzstellen angeschlossen sind: den Deutschen Caritasverband in Freiburg und den Malteser-Hilfsdienst in Köln.

Je nach verbandsspezifischer Organisation und Prägung wird der „Träger"-Begriff sehr unterschiedlich definiert. Im katholischen Bereich werden damit Stellen/Organisationen bezeichnet, die im Bereich ihres Bistum/ihrer Diözese für die Organisation der Freiwilligendienste zuständig sind (= diözesaner Träger). Ein Träger kann u. U. auch bistumsübergreifend tätig sein (= überregionaler Träger). Eine Aufstellung der Träger finden Sie im Anhang.

Zentralstelle, ggf. *Träger* und Einsatzstelle verfolgen mit dem Freiwilligendienst gemeinsam das Ziel, soziale Kompetenz, Persönlichkeitsbildung sowie die Bildungs- und Beschäftigungsfähigkeit der Freiwilligen zu fördern.

Der Deutsche Caritasverband hat die in seinem Bereich tätigen Träger mit der Durchführung der Bildungsseminare beauftragt

Die *Zentralstellen* oder von ihnen beauftragte Träger oder andere Stellen sorgen für die Durchführung der Bildungsseminare, in denen die Praxiserfahrungen reflektiert werden. Die Seminare ermöglichen insbesondere die Persönlichkeitsentwicklung, soziale, interkulturelle und politische Bildung, berufliche Orientierung sowie das Lernen von Beteiligung und Mitbestimmung. Sie wecken das Interesse an gesellschaftlichen Zusammenhängen.

Vereinbarung

zwischen

der Bundesrepublik Deutschland, vertreten durch

das Bundesamt für Familie und zivilgesellschaftliche Aufgaben, 50964 Köln

und

Frau Herrn **Vorname Nachname**, geboren am

Straße und Hausnummer

PLZ, Wohnort

vertreten durch (bei Minderjährigen Name und Anschrift der/des Erziehungsberechtigten)

über die

Ableistung eines Freiwilligendienstes auf der Grundlage des Bundesfreiwilligendienstgesetzes (BFDG).

Ein Arbeitsverhältnis wird hierdurch nicht begründet.

Auch für einen Bundesfreiwilligendienst soll - wenn die übrigen Voraussetzungen vorliegen - Kindergeld gezahlt werden. Eine entsprechende Gesetzesänderung ist in Vorbereitung und soll rückwirkend für die gesamte Dauer dieses Vertrages gelten.

1. **Einsatzstelle**

   Der Freiwilligendienst wird abgeleistet in   (Einsatzstellennummer EST   )

   <Bezeichnung der Einsatzstelle>

   <Straße und Hausnummer>

   <PLZ, Wohnort>

   und dauert vom   bis

   mit einer wöchentlichen Arbeitszeit von   Stunden.

   Bei Teilzeit bitte Regelarbeitszeit (Vollzeit) angeben: Stunden.

   > Es wird empfohlen, hier die Angaben des zuständigen diözesanen bzw. überregionalen Trägers anzugeben.

1.1 (Ggf.) Die Einsatzstelle gehört folgendem *Träger* an:

   <Bezeichnung des Trägers>

   <Straße und Hausnummer>

   <PLZ, Wohnort>

   > Der Deutsche Caritasverband hat die Zentralstellennummer ZSTDE00009. Der Malteser-Hilfsdienst hat die Zentralstellennummer ZEST 00017

1.2 Die Einsatzstelle ist folgender Zentralstelle (*Nummer ZSTDE*   ) zugeordnet

   <Bezeichnung der Zentralstelle>

   <Straße und Hausnummer>

   <PLZ, Wohnort>

Es gilt die gemäß Anlage abgegebene Erklärung gem. § 6 Absatz 5 BFDG.

> Diese Erklärung ist nur abzugeben, wenn die Voraussetzungen des §
> 6 Abs. 5 BFDG erfüllt sind. Dies ist z. B. dann der Fall, wenn nicht die
> Einsatzstelle selbst sondern der diözesane bzw. überregionale Träger
> die Auszahlung des Taschengeldes vornimmt. In diesen Fällen hat
> auch der Träger Anspruch auf die Kostenerstattung durch den Bund.

2. Verpflichtungen der/des Freiwilligen

Die/der Freiwillige verpflichtet sich,

1. die ihr/ihm übertragenen Aufgaben nach bestem Wissen und Können auszuführen;

2. über Person, persönliche Verhältnisse und Krankheiten der Betreuten und über interne Angelegenheiten der Einsatzstelle - auch über die Zeit der Tätigkeit hinaus - Stillschweigen zu bewahren;

3. zur Teilnahme an den gesetzlich vorgeschriebenen Seminaren. Während der Seminarzeit kann kein Urlaub gewährt werden;

4. Im Falle einer Arbeitsunfähigkeit unverzüglich die Einsatzstelle hierüber zu informieren. Sofern eine Seminarteilnahme krankheitsbedingt nicht möglich ist, ist über die Arbeitsunfähigkeit unverzüglich auch die mit der Durchführung des Seminars beauftragte Stelle zu informieren.

   Ab spätestens dem dritten Arbeitstag der Arbeitsunfähigkeit hat die/der Freiwillige diese durch eine ärztliche Bescheinigung über die Arbeitsunfähigkeit mit Angabe der voraussichtlichen Dauer gegenüber der Einsatzstelle nachzuweisen.

   Abweichend von dieser Regelung hat die/der Freiwillige die Arbeitsunfähigkeit während eines Seminars durch eine ärztliche Bescheinigung mit Angabe der voraussichtlichen Dauer am ersten Arbeitstag der mit der Durchführung des Seminars beauftragten Stelle nachzuweisen.

5. die Dienst- und Hausordnung der Einsatzstelle zu beachten und während der Arbeitszeit die betriebliche Kleiderordnung einzuhalten;

6. sich vor Beginn des Einsatzes ggf. einer ärztlichen Untersuchung zu unterziehen.

3. Verpflichtungen der Einsatzstelle

3.1 Die Einsatzstelle ist verpflichtet, im Auftrag des Bundesamtes

1. die/den Freiwillige/n arbeitsmarktneutral und entsprechend den gesetzlichen Bestimmungen des BFDG einzusetzen;

2. die/den Freiwillige/n nur mit Aufgaben zu betrauen, die dem Alter und den persönlichen Fähigkeiten entsprechen.

3. eine Fachkraft (Anleiter/-in) für die Anleitung und Begleitung zu benennen, die die/den Freiwillige/n in die Einrichtung einführt, für die Zuweisung des Aufgabenbereiches und fachliche Anleitung sowie für die regelmäßige persönliche und fachliche Begleitung im Arbeitsfeld (z.B. durch Anleitungsgespräche) verantwortlich ist.

4. die arbeitsrechtlichen und einsatzstellenspezifischen arbeitsschutzrechtlichen Vorschriften einzuhalten (z.B. Jugendarbeitsschutz, Urlaubsrecht, etc.) und die entsprechenden Kosten zu tragen.

5. der/dem Freiwilligen nach Abschluss des Freiwilligendienstes eine ***Bescheinigung*** und ein Zeugnis über den abgeleisteten Dienst auszuhändigen.

> Es wird empfohlen, hier auch die Teilnahme der/des Freiwilligen an
> den unter 3.3.3 vereinbarten Seminartagen zu dokumentieren und zu
> bestätigen.

6. eine Betriebshaftpflichtversicherung abzuschließen.

3.2   Die Einsatzstelle verpflichtet sich zur Gewährung folgender Leistungen an
die/den Freiwilligen[1]:

1. **Taschengeld** (auch für die Zeit der Seminare und des Urlaubs) monatlich
    in Höhe von   €

> Die unter 2. bis 4. genannten Leistungen sind freiwillige Leistungen,
> die in der Besonderheit der Einsatzstelle gewährt werden können,
> jedoch nicht gewährt werden müssen.

2. ggf. folgende Sachleistungen:
    als Teil des Taschengeldes monatlich im Wert von   €
    oder Geldersatzleistungen in gleicher Höhe
3. ggf. unentgeltliche Verpflegung (mit einem Sachbezugswert nach der Sozi-
    alversicherungsentgeltverordnung anzusetzen) in Höhe von monatlich   €
    bzw. Verpflegungskostenzuschuss in Höhe von monatlich   €
4. ggf. unentgeltliche Bereitstellung von Unterkunft, Dienstkleidung bzw. Ar-
    beitskleidung incl. Reinigung (mit einem Sachbezugswert nach der Sozial-
    versicherungsentgeltverordnung anzusetzen) in Höhe von monatlich   €
    oder Geldersatzleistung in Höhe von monatlich   €
5. Im Krankheitsfall werden Taschengeld und Sachbezüge für sechs Wochen
    weitergezahlt; nicht aber über die Dauer des Freiwilligendienstes hinaus.

3.3   Die Einsatzstelle verpflichtet sich ferner

1. die gesetzlichen Sozialversicherungsbeiträge[2] einschließlich der Beiträge
    zur gesetzlichen Unfallversicherung zu entrichten in Höhe von monatlich
    derzeit   €

> Der gesetzliche Urlaubsanspruch im Kalenderjahr beträgt mindestens
> 24 Tage. Dauert der Bundesfreiwilligendienst weniger als zwölf Mona-
> te, wird der Urlaubsanspruch pro Monat um ein Zwölftel des Jahresur-
> laubs reduziert; dauert er länger als zwölf Monate, wird er pro Monat
> um ein Zwölftel des Jahresurlaubs verlängert. Für Jugendliche unter
> 18 Jahren gelten längere Urlaubsansprüche nach den Bestimmungen
> des Jugendarbeitsschutzgesetzes.

2. Jahresurlaub zu gewähren von   Tagen,

> Der Gesetzgeber schreibt für den BFD die Teilnahme an Seminaren
> vor. Insgesamt sind während eines zwölfmonatigen Bundesfreiwilli-
> gendienstes 25 Seminartage verpflichtend. Davon müssen gem. § 4
> Abs. 4 fünf Tage im Rahmen eines Seminars zur politischen Bildung
> wahrgenommen werden. Wird ein Dienst über den Zeitraum von zwölf
> Monaten hinaus vereinbart oder verlängert, erhöht sich die Zahl der
> Seminartage um mindestens einen Tag je Monat der Verlängerung.
> Freiwillige, die älter als 27 Jahre sind, nehmen in angemessenem Um-
> fang an den Seminaren teil.

3. die/den Freiwillige/n zur Teilnahme an den gesetzlich vorgeschriebenen
    Seminaren (ohne Anrechnung auf die arbeitsfreien Tage) freizustellen für
    die Dauer von   Tagen.

4.   Probezeit

Die ersten sechs Wochen des Einsatzes gelten als Probezeit. Während dieser Probezeit
kann die Vereinbarung von jeder Vertragspartei mit einer Frist von zwei Wochen gekündigt

---

[1] Es sind alle unter Nr. 3.2 aufgeführte Felder auszufüllen. Sofern eine Leistung nicht gewährt wird, ist dies ebenfalls kenntlich zu
machen (z. B. durch „– -, oder „0.00").
2 Die Einsatzstelle hat hinsichtlich der Sozialversicherungsbeiträge sowohl den Arbeitgeber- als auch den Arbeitnehmeranteil zu ent-
richten (§ 20 Abs. 3 Nr. 2 SGB IV).

werden. Die Einsatzstelle kann vom Bundesamt ohne Angabe von Gründen innerhalb der Probezeit eine Kündigung verlangen.

5. Vertragsende

Die Vereinbarung **endet nach Ablauf der Vertragsdauer,** ohne dass es einer Kündigung bedarf.

Die Vereinbarung kann im gegenseitigen Einvernehmen zwischen der/dem Freiwilligen und der Einsatzstelle durch das Bundesamt verändert oder aufgelöst werden.

6. Kündigung

Nach Ablauf der Probezeit kann diese Vereinbarung aus wichtigem Grund innerhalb einer Frist von zwei Wochen nach Bekanntwerden des Kündigungsgrundes von jedem Vertragspartner außerordentlich (fristlos) gekündigt werden. Daneben kann die Vereinbarung von den Parteien, mit einer Frist von vier Wochen zum Fünfzehnten oder zum Ende des Kalendermonats gekündigt werden (ordentliche Kündigung). Die Kündigung bedarf der Schriftform.

Die Einsatzstelle kann unter Angabe des Kündigungsgrundes die Prüfung der Kündigung verlangen. Zur Klärung des Sachverhalts wird die zuständige Regionalbetreuerin bzw. der zuständige Regionalbetreuer eingeschaltet.

7. Sonstiges

Als Ansprechpartner für alle Beteiligten stehen auch die Regionalbetreuerinnen und Regionalbetreuer des Bundesamtes zur Verfügung.

8. Schlussbestimmung

Weitere Sondervereinbarungen bestehen nicht. Änderungen oder Ergänzungen bedürfen zu ihrer Gültigkeit der Schriftform und der Gegenzeichnung aller Parteien. Diese Vereinbarung ist dreifach ausgefertigt. Die Partner erhalten je eine unterschriebene Ausfertigung.

9. Merkblatt

Der/dem Freiwilligen wurde das „Merkblatt über die Durchführung des Bundesfreiwilligendienstes" ausgehändigt und von ihr/ihm zur Kenntnis genommen. Die/der Freiwillige bestätigt, dass sie/er mit diesem Freiwilligendienst nicht die Höchstgrenzen von § 3 (2) BFDG überschreiten wird.

Ort, Datum	Ort, Datum Bundesamt für Familie und zivilgesellschaftliche Aufgaben Im Auftrag
(Unterschrift der/des Freiwilligen)	(Stempel und Unterschrift)

Einverständniserklärung der Eltern bei minderjährigen Freiwilligen

(Unterschrift der/des Erziehungsberechtigten)

Einverstanden:

Ort, Datum   Ort, Datum

(Stempel und Unterschrift der Einsatzstelle) | _(Stempel und Unterschrift des **Trägers,** soweit **vorhanden)**[3]_

Die Zustimmung des diözesanen bzw. überregionalen Trägers ist erforderlich. Im Rahmen der Übertragung von Aufgaben sind dem Träger von der Zentralstelle bestimmte Aufgaben übertragen worden, u. a. die Zuständigkeit für die Organisation der Seminare. Deshalb ist die Beteiligung des Träger an der Vereinbarung unverzichtbar.
Die BFD-Vereinbarung wird in entsprechender Anzahl vom zuständigen Träger an das Bundesamt gesandt. Eine Übersendung über die Zentralstelle „Deutscher Caritasverband" ist nicht erforderlich. Bei der Übersendung macht der Träger deutlich, dass dies „in Abstimmung mit der zuständigen Zentralstelle „Deutscher Caritasverband" erfolgt.

Ort, Datum

(Stempel und Unterschrift der Zentralstelle)[4]

Die Zustimmung des Deutschen Caritasverbandes als Zentralstelle im BFD ist bei der Abfassung der Vereinbarung nicht erforderlich. Der Deutsche Caritasverband bekommt regelmäßig von den Trägern Mitteilung über den Stand der abgeschlossenen BFD-Vereinbarungen.

---

[3] Die Zustimmung eines Trägers ist nicht zwingend erforderlich.
[4] Die Zustimmung der Zentralstelle kann auch auf anderem Wege mitgeteilt werden.

2. Antrag auf Anerkennung als Einsatzstelle

Alle am 1. April 2011 anerkannten Zivildienststelle sind kraft Gesetzes auch anerkannte Einsatzstellen im BFD (vgl. § 6 Abs. 3 BFDG). Einsatzstellen, die sich neu am BFD beteiligen wollen, müssen sich beim BAFzA anerkennen lassen.

Der Antragvordruck (s. Anlage) ist bei den Trägern, der Zentralstelle oder beim BAFzA erhältlich bzw. im Internet unter www.bundesfreiwilligendienst.de. Einsatzstellen senden das ausgefüllte Antragsformular an ihren jeweils zuständigen Träger. Dieser prüft die Angaben und leitet den Anerkennungsantrag an das BAFzA weiter. Auch hier ist die Beteiligung der Zentralstelle nicht zwingend vorgeschrieben.

Das BAfZa erlässt nach positiver Prüfung einen Anerkennungsbescheid. Dieser geht an den Antragsteller; die Zentralstelle erhält eine Mehrfertigung. Im Zivildienst hatte seinerzeit auch die jeweils zuständige Zivildienst-Verwaltungsstelle auf Diözesanebene eine Mehrfertigung erhalten. Auch hier ist der Deutsche Caritasverband bemüht, die Verwaltungspraxis des BAFzA dahin gehend zu verändern, dass auch der zuständige Träger künftig eine Mehrfertigung des Anerkennungsbescheides erhält.

Anerkennung als Einsatzstelle im Bundesfreiwilligendienst
nach dem Bundesfreiwilligendienstgesetz (BFDG)

> Alle am 01. April 2011 nach § 4 des Zivildienstgesetzes anerkannten Beschäftigungsstellen und Dienstplätze des Zivildienstes gelten als anerkannte Einsatzstellen und –plätze im Bundesfreiwilligendienst und müssen sich nicht anerkennen lassen.

- vorläufiges Antragsformular -

> Das vorliegende vorläufige Antragformular ist für alle Einsatzstellen, die nach dem BFDG anerkannt werden wollen, gleich. Eine Differenzierung in verbandliche und nichtverbandliche Einsatzstellen gibt es nicht. Auf etwaige verbandsspezifische Besonderheiten geht das Formular nicht ein. So sieht das Anerkennungsformular zwar die Angaben und die Beteiligung des Rechtsträgers der Einsatzstelle vor, nicht jedoch Angaben zum diözesanen bzw. überregionalen Träger, der beispielsweise im katholischen Bereich eine hohe Mitverantwortung bei der Organisation und Umsetzung des BFD hat. Deshalb sind im Begleitschreiben des Antrags an das Bundesamt unbedingt die entsprechenden Angaben des diözesanen bzw. überregionalen Trägers zu machen!

Bitte senden Sie das ausgefüllte und vom Rechtsträger unterschriebene Formular an das
Bundesamt für Familie und zivilgesellschaftliche Aufgaben, 50964 Köln
In Absprache mit Ihrer Zentralstelle können Sie den Antrag alternativ auch dorthin senden.
Die Zentralstelle wird den Antrag vorprüfen und zur Entscheidung ans Bundesamt weiterleiten.

> Im Rahmen der Übertragung von Aufgaben liegt die Vorprüfung von Anerkennungsanträgen in der Zuständigkeit der Träger. Die Träger sind es auch, die die Anträge an das Bundesamt weiterleiten.

Grau hinterlegte Felder des Antragsformulars sind für Einträge der Zentralstelle oder des Bundesamtes bestimmt.

Im Bundesfreiwilligendienst muss sich jede Einsatzstelle mindestens einer Zentralstelle zuordnen (§ 7 Absatz 3 Bundesfreiwilligendienstgesetz – BFDG –). Sofern Sie sich schon für eine Zentralstelle entschieden haben, tragen Sie hier bitte deren Namen und Anschrift ein. Sollten Sie sich noch nicht entschieden haben, können Sie diese Angabe später nachreichen.	Raum für Eingangsstempel und Vermerke der Zentralstelle oder des Bundesamtes

> Einsatzstellen im katholischen Bereich, sofern Sie nicht dem Malteser-Hilfsdienst zugeordnet sind, sind der Zentralstelle „Deutscher Caritasverband" zuzuordnen.

1. **Angaben über den Rechtsträger**	2. **Angaben über die Einrichtung, für die die Anerkennung als Einsatzstelle beantragt wird**
Der Rechtsträger ist der rechtliche Vertreter der Einsatzstelle (beispielsweise eine Gemeinde, ein Verein, eine gGmbH). Er muss diesen Antrag unterschreiben und späteren Schriftverkehr bezüglich der Einsatzstelle führen.	Die Einsatzstelle ist die Einrichtung, in der die Freiwilligen tatsächlich tätig sein sollen. Der Einsatz der Freiwilligen darf nach der Anerkennung nur in dieser Einrichtung erfolgen. Organisatorisch oder räumlich getrennte Einrichtungen müssen auch dann getrennt als Einsatzstellen anerkannt werden, wenn sie demselben Rechtsträger angehören.
Name / Bezeichnung des Rechtsträgers	Name / Bezeichnung der Einsatzstelle
Postleitzahl und Ort	Postleitzahl und Ort
Straße und Hausnummer	Straße und Hausnummer
Telefonnummer mit Vorwahl	Telefonnummer mit Vorwahl
Fax-Nummer mit Vorwahl (bei Bedarf)	Fax-Nummer mit Vorwahl (bei Bedarf)
E-Mail (bitte offizielle E-Mail-Adresse des Rechtsträgers, nicht die persönliche E-Mail-Anschrift einzelner Beschäftigter)	E-Mail (bitte offizielle E-Mail-Adresse der Einsatzstelle, nicht die persönliche E-Mail-Anschrift einzelner Beschäftigter)
Internetadresse (bitte geben Sie bei Bedarf hier Ihre URL ein)	Internetadresse (bitte geben Sie hier bei Bedarf die URL ein)
Ist dieser Rechtsträger im Bundesamt schon bekannt? Wenn ja, geben Sie bitte die Rechtsträgernummer an (soweit sie Ihnen vorliegt) RTR _____	

Dies betrifft z. B. Einsatzstellen, die bereits als Zivildienststelle anerkannt sind aber eine Platzzahlerhöhung beantragen.

---

3. Rechtsform und Gemeinwohlorientierung der Einsatzstelle beziehungsweise ihres Rechtsträgers

3a. Rechtsform

☐ Öffentlich-rechtliche Gebietskörperschaft (wie Bund, Land, Bezirk, Regierungsbezirk, Kreis, Stadt, Gemeinde)

☐ Sonstiger öffentlich-rechtlicher Rechtsträger, wie Stiftung (bitte Stiftungsurkunde beifügen), Körperschaft, Anstalt

☐ Öffentlich-rechtliche Religionsgemeinschaft (wie Diözese, Kirchengemeinde, Orden)

☐ Gesellschaft bürgerlichen Rechts oder juristische Person des privaten Rechts (wie Verein, gemeinnützige GmbH), Einzelunternehmen

Bitte fügen Sie die Statuten bei (beispielsweise Gesellschaftsvertrag, Satzung, Stiftungsurkunde oder Ähnliches).

3b. Gemeinwohlorientierung

Als Einsatzstellen dürfen nur gemeinwohlorientierte Einrichtungen anerkannt werden (§ 3 Absatz 1 BFDG). Als Nachweis ist beigefügt

☐ eine Bescheinigung des Finanzamtes über die Befreiung von der Körperschaftssteuer nach § 5 Absatz 1 Nummer 9 Körperschaftssteuergesetz.

Die Bescheinigung ist nicht älter als fünf Jahre.

☐ eine Bescheinigung des Finanzamtes, aus der hervorgeht, dass es sich um einen Zweckbetrieb im Sinne der §§ 65, 66, 67 oder 68 der Abgabenordnung handelt.

Die Bescheinigung ist nicht älter als drei Jahre.

☐ ein Nachweis, aus dem hervorgeht, dass die Einrichtung zu den zugelassenen Krankenhäusern im Sinne des § 108 Sozialgesetzbuch V gehört.

☐ ein anderer Nachweis im obigen Sinn.

	eine Bescheinigung des Finanzamtes über die Befreiung von der Umsatzsteuer nach § 4 Nummer 14b) Satz 1 und Satz 2 Doppelbuchstabe aa bis gg, 15, 16, 18, 20 bis 25, 27 Umsatzsteuergesetz.		Ein Nachweis der Allgemeinwohlorientierung ist nicht erforderlich, da die Einrichtung direkt einem öffentlich-rechtlichen Rechtsträger angehört.	

Die Bescheinigung ist nicht älter als drei Jahre.

Hinweis: Eine Befreiung nach § 4 Nummer 17 Umsatzsteuergesetz ist nicht ausreichend.

4. Spitzenverband

☒ Die Einsatzstelle gehört folgendem Spitzenverband an:

☐ Die Einsatzstelle gehört keinem Spitzenverband an.

Einsatzstellen im katholischen Bereich gehören regelmäßig folgendem Spitzenverband an: Deutscher Caritasverband e. V.

Einsatzstellen im katholischen Bereich werden in aller Regel dem Bereich „Soziales" zuzuordnen sein.

5. Aufgaben und Größe der Einsatzstelle

5a. Aufgabenbereich der Einsatzstelle (§ 6 Absatz 2 BFDG)

Bitte ordnen Sie die Aufgaben der Einsatzstelle einem der nachstehenden Bereiche zu.

☒ Soziales   ☐ Kultur

☐ Sport   ☐ Integration

☐ Zivil- und Katastrophenschutz   ☐ Umweltschutz

5b. Aufgabenbeschreibung der Einsatzstelle

Bitte beschreiben Sie hier oder auf einem gesonderten Blatt die Aufgabenstellung der Einrichtung (hier bitte nicht die Aufgaben der Freiwilligen beschreiben). Sofern möglich fügen Sie bitte eine Konzeption, Programme, Flyer, eine Internetadresse oder anderes Informationsmaterial bei.

5c. Größe der Einsatzstelle

Bitte machen Sie hier oder auf einem gesonderten Blatt Angaben zur Größe der Einrichtung, wie

- die Zahl der betreuten Personen (beispielsweise Anzahl der Betten in stationären Einrichtungen, Zahl der betreuten Personen im ambulanten Bereich, Besucherfrequenz in Tageseinrichtungen)
- Größe und Zustand der Gebäude und Außenanlagen, sofern Freiwillige auch im Hausmeister-, Gärtner- oder Wirtschaftsbereich eingesetzt werden sollen
- Zahl der Stellen und/oder der Beschäftigten
- Öffnungszeiten (von ... bis ...; täglich, wöchentlich, monatlich)

Diese Angaben dienen insbesondere der Klärung, wie viele Freiwillige in der Einrichtung eingesetzt werden können.

6. Anleitung in der Einsatzstelle

Freiwillige müssen bei ihren Tätigkeiten durch eine Fachkraft ihrer Einsatzstelle fachlich angeleitet, pädagogisch begleitet und persönlich betreut werden (§ 4 Absatz 2 sowie § 6 Absatz 2 BFDG). Hierzu gehört neben den einschlägigen fachlichen Kenntnissen auch, dass diese Person über hinreichende Kenntnisse der Regelungen im Bundesfreiwilligendienst verfügt oder sich diese zeitnah aneignen wird.
Bitte benennen Sie hierfür eine in Ihrer Einrichtung beschäftigte Fachkraft. Es soll sich grundsätzlich um eine entsprechend qualifizierte, hauptamtlich beschäftigte Person handeln. Im Urlaubs- und Krankheitsfall muss die Fachkraft durch eine ähnlich qualifizierte Person vertreten werden.

Name   Vorname

Stellung in der Einsatzstelle (beispielsweise Pflegedienstleitung, Personalsachbearbeitung, Geschäftsführung, Vereinsvorstand)

Die Person ist in der Einsatzstelle

☐ vollzeitbeschäftigt   ☐ teilzeitbeschäftigt   ☐ hauptamtlich tätig   ☐ ehrenamtlich tätig

7. Bundesfreiwilligendienstplätze (BFDP)

Bei der Anerkennung einer Einsatzstelle wird mindestens ein Bundesfreiwilligendienstplatz anerkannt (§ 6 Absatz 2 BFDG). Bitte geben Sie an, wie viele Plätze Sie für Ihre Einsatzstelle beantragen.

Wir beantragen insgesamt _____ Platz / Plätze im Bundesfreiwilligendienst.

Im Bundesfreiwilligendienst engagieren sich Frauen und Männer für das Allgemeinwohl, ... (§ 1 BFDG). Die Einsätze der Freiwilligen dürfen nur in den gemeinwohlorientierten Bereichen der Einsatzstelle stattfinden. Unter anderem aus diesem Grund muss sich das Bundesamt ein Bild davon machen, welche Tätigkeiten die Freiwilligen ausüben sollen.

Bitte beschreiben Sie hier oder auf einem gesonderten Blatt für jeden Platz die vorgesehenen Tätigkeiten und deren Zusammenhang mit den Aufgaben Ihrer Einsatzstelle. Geben Sie dabei bitte jeweils den Schwerpunkt der Tätigkeiten an (mehr als 50%). Plätze mit gleichen Tätigkeitsschwerpunkten können Sie zusammenfassen.

8. Arbeitsmarktpolitische Neutralität (§ 3 Absatz 1 BFDG)

8a. Erklärung zur arbeitsmarktpolitischen Neutralität

Mit der Unterschrift unter diesen Antrag verpflichten wir uns zur Wahrung der Arbeitsmarktneutralität beim Einsatz der Freiwilligen.

Durch die Anerkennung als Einsatzstelle und den Einsatz von Bundesfreiwilligen auf den unter 6. beschriebenen Plätzen wird die Einstellung neuer Beschäftigter nicht verhindert werden. Auch wird der Einsatz der Freiwilligen nicht zu einer Kündigung von Beschäftigten führen.

8b. Beteiligung des Betriebsrates / Personalrates der Einsatzstelle

☐   Ein Betriebsrat / Personalrat ist nicht vorhanden.

☐   Der Betriebsrat / Personalrat der Einsatzstelle wurde beteiligt.

9. Abrechnungswege

Nach § 17 des Bundesfreiwilligendienstgesetzes (BFDG) erhält die Einsatzstelle eine Kostenerstattung des Bundes für das Taschengeld, die Sozialversicherungsbeiträge und die pädagogische Begleitung der Freiwilligen im Rahmen der im Haushaltsplan vorgesehenen Mittel.

9a. Abrechnungsweg für die Kostenerstattung für Taschengeld und Sozialversicherungsbeiträge an die Einsatzstelle

Bitte geben Sie nachfolgend den Abrechnungsweg (Abrechnungsstelle, Bankverbindung und Kontoinhaber) für den Erstattungsanteil für Taschengeld und Sozialversicherungsbeiträge der Freiwilligen an die Einsatzstelle an.
Die Abrechnungsstelle kann dabei mit der Einsatzstelle identisch sein, es kann sich aber auch um den Rechtsträger oder eine dritte Einrichtung handeln.

> Sofern die Abrechnungsstelle nicht mit der Einsatzstelle identisch ist und die damit zusammenhängenden Aufgaben an den Rechtsträger oder den diözesanen bzw. überregionalen Träger delegiert hat, ist dies in einer Erklärung festzuhalten (vgl. § 6 Abs. 5 BFDG). In diesen Fällen ist die Erklärung zusammen mit der entsprechenden BFD-Vereinbarung beim Bundesamt einzureichen.

Name/Bezeichnung der Abrechnungsstelle	

Postleitzahl und Ort	

Straße und Hausnummer oder Postfach	

Telefonnummer mit Vorwahl	Fax-Nummer mit Vorwahl (soweit gewünscht)

E-Mail (bitte offizielle E-Mail-Adresse der Abrechnungsstelle, nicht die persönliche E-Mail-Anschrift einzelner Beschäftigter)

Geldinstitut

Bankleitzahl	Kontonummer

Kontoinhaber (falls nicht mit Abrechnungsstelle identisch - maximal 27 Stellen)

Ist diese Abrechnungsstelle im Bundesamt schon bekannt? Wenn ja, geben Sie bitte die Abrechnungsstellen-Nummer an (sofern sie Ihnen vorliegt)

AST_____

9b. Abrechnungsweg Erstattung der Kosten für die pädagogische Begleitung

Auf Ihren Wunsch hin kann der Kostenerstattungsanteil für die pädagogische Begleitung - abweichend vom Erstattungsanteil für Taschengeld und Sozialversicherungsbeiträge - direkt an die Zentralstelle gezahlt werden.

☐ Der Kostenerstattungsanteil für die pädagogische Begleitung soll an die unter 9a genannte Abrechnungsstelle der Einsatzstelle gezahlt werden.

☒ Der Kostenerstattungsanteil für die pädagogische Begleitung soll direkt an die Zentralstelle gezahlt werden.

> Gem. § 7 Abs. 4 BFDG können die Zentralstellen den ihnen ange-
> schlossenen Einsatzstellen Auflagen erteilen, insbesondere zum An-
> schluss an einen Träger (in unserem Verbandsverständnis heißt dies
> diözesaner bzw. überregionaler Träger) sowie zur Gestaltung und Or-
> ganisation der pädagogischen Begleitung der Freiwilligen. Die Verant-
> wortung für die pädagogische Begleitung liegt bei der Zentralstelle. Der
> Deutsche Caritasverband hat diese Aufgabe an die Träger in seinem
> Bereich delegiert. Die Auszahlung der Pauschale für die pädagogische
> Begleitung wird vom Deutschen Caritasverband in seiner Zentralstel-
> lenfunktion wahrgenommen. Deshalb kann unter 9b nur dieses Käst-
> chen angekreuzt werden.

10. Verpflichtung

Zu Ihren Pflichten als Einsatzstelle im Bundesfreiwilligendienst gehört die Einhaltung des Bundesfreiwilligendienstgesetzes (BFDG), der zu seiner Durchführung ergangenen und zukünftig ergehenden Rechtsvorschriften sowie die Beachtung der Regelungen und Einzelweisungen des Bundesamtes für Familie und zivilgesellschaftliche Aufgaben.
Insbesondere gehört hierzu die Einhaltung der sich aus den Vereinbarungen mit den Freiwilligen ergebenden Verpflichtungen der Einsatzstelle, wie die fachliche Anleitung der Freiwilligen, ihre pädagogische Begleitung und persönliche Betreuung sowie die Gewährung von Geld- und Sachleistungen nach § 8 BFDG.
Den Beauftragten des Bundesministeriums für Familie, Senioren, Frauen und Jugend sowie des Bundesamtes ist jederzeit Einblick in die Gesamttätigkeit der Freiwilligen und deren einzelne Aufgaben zu gewähren.
Die Mitglieder des Bundesrechnungshofes sind bei der Rechnungsprüfung verausgabter Bundesmittel uneingeschränkt zu unterstützen.

Datum	Stempel und Unterschrift des gesetzlichen oder satzungsmäßigen Vertreters des Rechtsträgers

FSJ und Integration

Marianne Schmidle,
Barbara Schramkowski,
Uwe Slüter (Hg.)

Integration durch Mitmachen
FSJ für junge Menschen
mit Migrationshintergrund

2011, ca. 150 Seiten, kartoniert
ca. € 15,00/SFr 21,90
ISBN 978-3-7841-2078-2

Bisher sind junge Menschen mit Migrationshintergrund im FSJ unter-
repräsentiert. Das Buch stellt die Ergebnisse eines Projekts der katholischen FSJ-Anbieter vor, das darauf abzielt, diesen jungen Menschen
den Zugang zu Freiwilligendiensten zu ermöglichen.

DIE HERAUSGEBER

Marianne Schmidle, FSJ-Bundestutorin, koordiniert für den Deutschen
Caritasverband e.V. das FSJ in katholischer Trägerschaft.
Dr. Barbara Schramkowski ist Referentin bei IN VIA Deutschland.
Uwe Slüter ist Referent für Freiwilligendienste und Jugendpolitik beim BDKJ.

www.lambertus.de

SOZIAL | RECHT | CARITAS

Das Freiwillige Soziale Jahr

Gemeinsam Neues anstoßen

Eugen Baldas (Hg.)

Community Organizing
Menschen gestalten ihren
Sozialraum

2010, 246 Seiten, kartoniert
€ 19,80/SFr 28,50
ISBN 978-3-7841-1999-1

Community Organizing (CO) ist Organisationsarbeit in Stadtteilen, Städten oder Regionen. Durch den Aufbau einer Beziehungskultur und durch gemeinsames Handeln tragen Bürger zur Gestaltung ihres Sozialraums bei. Dieses Buch dokumentiert das dreijährige Kooperationsprojekt der Katholischen Hochschule für Sozialwesen Berlin (KHSB) und des Deutsches Caritasverbandes (DCV), bei dem Bürgerplattformen in Berlin und Hamburg aufgebaut und an weiteren Standorten geplant wurden.

DER HERAUSGEBER

Dr. Eugen Baldas, Referatsleiter Gemeindecaritas und Engagementförderung beim Deutschen Caritasverband e.V. in Freiburg

www.lambertus.de

SOZIAL | RECHT | CARITAS

Seniorenanimation – abwechslungsreich und mit wenig Zeitaufwand

Paula Rothmund

Treffpunkt Senioren
Fantasievolle Ideen für
Gruppennachmittage

2011, 214 Seiten mit Fotos
kartoniert
€ 21,80/SFr 31,50
ISBN 978-3-7841-2002-7

„... Das Buch ist somit eine Fundgrube für PraktikerInnen und Betreuungskräfte in der stationären (aber auch der ambulanten) Altenhilfe, die auf der Suche sind nach (neuen) Ideen für unterhaltsame und lehrreiche Gruppenangebote."

Aus „socialnet.de"
(Dr. Ursula Kämmerer-Rütten/28.06.2011)

www.lambertus.de

SOZIAL | RECHT | CARITAS